Los Tientos

24 – 25

Residencias de creación

Los Tientos
24 – 25

Marina Cabañero · Jero de los Santos ·
Daniel Domínguez Romero · Laura Llaneli · Camilo Mutis Canal

Con el acompañamiento de:
Ernesto Artillo · Montserrat Palacios

Dirección y edición:
Antonio Collados Alcaide · Marina Hervás Muñoz
Marisa Mancilla Abril · Pedro Ordóñez Eslava

Los Tientos es un programa de formación y creación artística que adopta la forma de residencia de creación donde el flamenco es el eje motor y articulador en relación a otras artes.

Los Tientos como espacio de experimentación, indagación y tentación transdisciplinar.

Los Tientos como oportunidad para tentar, acariciar, palpar, probar, provocar…

Los Tientos como tentativa, como espacio para la experimentación, para el riesgo incluso.

Los Tientos como condición necesaria para la creación.

Los Tientos como ritmo lento, amable y respetuoso con los procesos de aprendizaje.

Los Tientos como "energía táctil", empática, exploradora.

ÍNDICE

PRESENTACIÓN   13

LOS TIENTOS 24–25
     Marina Cabañero   31
     Jero de los Santos   41
     Daniel Domínguez Romero   51
     Laura Llaneli   61
     Camilo Mutis Canal   71

ACOMPAÑAMIENTO
     Montserrat Palacios   86
     Ernesto Artillo   90

CRÉDITOS   94

Presentación

En un tiempo marcado por las urgencias del rendimiento, la precariedad cultural y la homogeneización de los lenguajes creativos, Los Tientos emerge como un espacio necesario: un programa cultural, pedagógico y artístico que se ofrece como refugio para la experimentación, el encuentro y la creación compartida. Desde el flamenco –territorio fértil, lengua viva y raíz en movimiento– proponemos una apertura hacia lo transdisciplinar, una zona de contacto donde distintos saberes, prácticas y poéticas puedan tocarse, contaminarse, tentarse.

El programa Los Tientos ha sido ideado por la Universidad de Granada, a través de La Madraza. Centro de Cultura Contemporánea del Vicerrectorado de Extensión Universitaria, Patrimonio y Relaciones Institucionales, con la ayuda en la organización en esta cuarta edición de la Residencia Universitaria Carmen de la Victoria y la Residencia Universitaria Corrala de Santiago y la colaboración del Instituto Cervantes, la Fundación Federico García Lorca y el Consorcio Centro Federico García Lorca, la Diputación de Granada, el Ayuntamiento de Granada y la Escuela de Arte José Val del Omar de Granada-Fundación Robles Pozo.

Los Tientos es una residencia de creación y formación, pero también una apuesta institucional por reconfigurar los modos de apoyar y producir cultura desde la universidad pública. Este programa plantea una interrogación radical sobre cómo podemos hoy construir escenas culturales sostenibles, críticas y conectadas, en un tiempo de crisis pero también de posibilidad.

El nombre del programa no es casual. El tiento, forma musical del flamenco y a la vez verbo que alude al tanteo, al ensayo, a la prueba, nombra con precisión el espíritu que lo anima. Porque este proyecto no pretende fijar respuestas ni prescribir modelos, sino generar condiciones para el aprendizaje situado, el diálogo inesperado, la creación en tránsito. Un tiento es también una invitación: a escuchar con el cuerpo, a tocar con el pensamiento, a estar con otros en un proceso que no promete éxito, pero sí intensidad, presencia, desplazamiento.

Desde la primera edición de la residencia de Los Tientos, celebrada en el otoño de 2021, con su posterior presentación en la primavera de 2022, coincidiendo con la celebración del centenario del Concurso del Cante Jondo de Granada, se han ido seleccionando a un amplio conjunto de creadoras y creadores de diversas disciplinas y procedencias que, durante un mes de convivencia en Granada, han ido compartiendo un espacio común de trabajo, reflexión y afecto. En ese tiempo, acompañados por artistas, investigadores y docentes invitados, Los Tientos ha propiciado la generación de un tejido de relaciones, un campo fértil de ideas, intuiciones y proyectos que en muchos casos desbordaron sus límites iniciales. No se trata simplemente de desarrollar propuestas individuales, sino de abrir procesos: hacer del estar-juntos una forma de conocimiento.

Decíamos que Los Tientos se articulaba en su inicio como una conmemoración crítica del centenario del Concurso de Cante Jondo de 1922. Lejos de cualquier celebración nostálgica, buscamos activar esa memoria desde el presente, para releerla, disputarla y proyectarla hacia futuros posibles. Aquel concurso, impulsado por figuras como Manuel de Falla o Federico García Lorca, no solo fue un evento musical, sino un acto cultural que convocó a artistas, pensadores y públicos diversos en torno al flamenco como arte mayor. Esa historia nos interpela hoy como archivo y como impulso: ¿qué prácticas, qué alianzas, qué lenguajes son necesarios ahora para imaginar nuevas formas de creación flamenca?

En esta línea, Los Tientos dialoga con experiencias pasadas de hibridación y vanguardia —como el Tríptico Elemental de España de Val del Omar, el proyecto Omega de Enrique Morente, o el movimiento Poesía 70 liderado por Juan de Loxa— para reconocer una genealogía de artistas que entendieron el flamenco no como tradición cerrada, sino como energía en constante devenir, capaz de encontrarse con la electrónica, la poesía, la performance, el vídeo o el pensamiento especulativo sin perder su raíz, sino precisamente reactivándola.

Nos preguntamos, entonces, cómo construir un programa que no instrumentalice lo flamenco ni lo confine a una función identitaria, sino que lo trate como un lenguaje con capacidad para interpelar, tensionar, habitar el presente. El flamenco aquí no es un tema, ni un decorado, ni un objeto de estudio. Es el centro de gravedad desde el que generar desplazamientos, el código desde el cual se abren otros, una lengua que sabe de mestizajes, de migraciones, de duelos y resistencias.

Pero Los Tientos también quiere ser una forma de hospitalidad. Hospitalidad entendida no solo como acogida física, sino como disposición ética: abrir un espacio de cuidado donde el conocimiento no se imparta sino que se comparta; donde la formación no se entienda como transmisión jerárquica, sino como conversación horizontal; donde la universidad pública ejerza su papel como productora de sentido, pero también como anfitriona de subjetividades diversas. En este sentido, Los Tientos no busca solo formar artistas, sino posibilitar experiencias transformadoras, donde el estar-con y el crear-con se conviertan en ejes metodológicos.

Frente a la lógica extractivista de muchas políticas culturales, que privilegian la visibilidad inmediata y los resultados cuantificables, Los Tientos defiende los ritmos lentos, los procesos inacabados, las preguntas sin respuesta. Su programa formativo, sus tutorías personalizadas, sus encuentros con artistas de trayectoria híbrida, están pensados para acompañar procesos más que para premiar trayectorias. Para nosotros, un proyecto artístico no es solo una obra final, sino un recorrido, un mapa afectivo e intelectual que se dibuja en compañía.

Por ello, esta iniciativa también quiere dejar huella en la ciudad. A través de presentaciones públicas, acciones, exposiciones, encuentros, Los Tientos se abre a la comunidad granadina como catalizador cultural, como ocasión para conectar espacios institucionales con prácticas independientes, con barrios, con tablaos, con otras escenas que habitan la ciudad. Nos interesa pensar la creación no como algo que se encierra en un estudio, sino como una práctica pública, situada, implicada.

Los Tientos es, en definitiva, una tentativa: una apuesta por habitar las grietas, por escuchar lo que aún no tiene nombre, por sostener el arte como forma de conocimiento. No sabemos aún qué será de este programa en el futuro, pero sí sabemos desde dónde queremos construirlo: desde el respeto por los procesos, desde la confianza en los vínculos, desde el deseo de que la creación siga siendo una manera de pensar y de estar en el mundo.

Desde su primera edición en 2021, la convocatoria de Los Tientos no ha dejado de crecer, confirmando que hay un interés vivo y creciente por los espacios de creación colectiva, experimentación y reflexión que proponemos.

Queremos compartir con alegría que este 2025 hemos recibido un total de 81 solicitudes, la cifra más alta hasta la fecha. Esto es para nosotras motivo de entusiasmo y también de responsabilidad. Sentimos no haber podido seleccionar tantos perfiles de gran interés para el programa, algunos de personas con trayectorias bien consolidadas, así como de otras para las que se atisba ya un futuro artístico prometedor. En esta convocatoria, la comisión que ha valorado las candidaturas lo ha tenido realmente difícil para componer un grupo que represente la diversidad de posturas que queremos que tengan cabida en Los Tientos. Esta comisión, formada por representantes de las instituciones organizadoras y colaboradoras a la que se sumaron Juan Carlos Lérida y Luz Arcas, es clave en la proyección de estas residencias como un espacio dado al tentar. Agradecemos infinitamente su desinteresada y precisa colaboración en la revisión y valoración de candidaturas.

Y muchas gracias también a todas las personas y a las propias instituciones que respaldan año a año estos Tientos. Confiamos en que esta apuesta cultural sea también un espacio donde se reflejen las visiones más programáticas de sus propios proyectos.

A todas esas personas, nuestra gratitud. A quienes se acerquen, nuestra invitación: tentemos.

Antonio Collados, Marina Hervás,
Marisa Mancilla y Pedro Ordóñez.
Dirección de Los Tientos

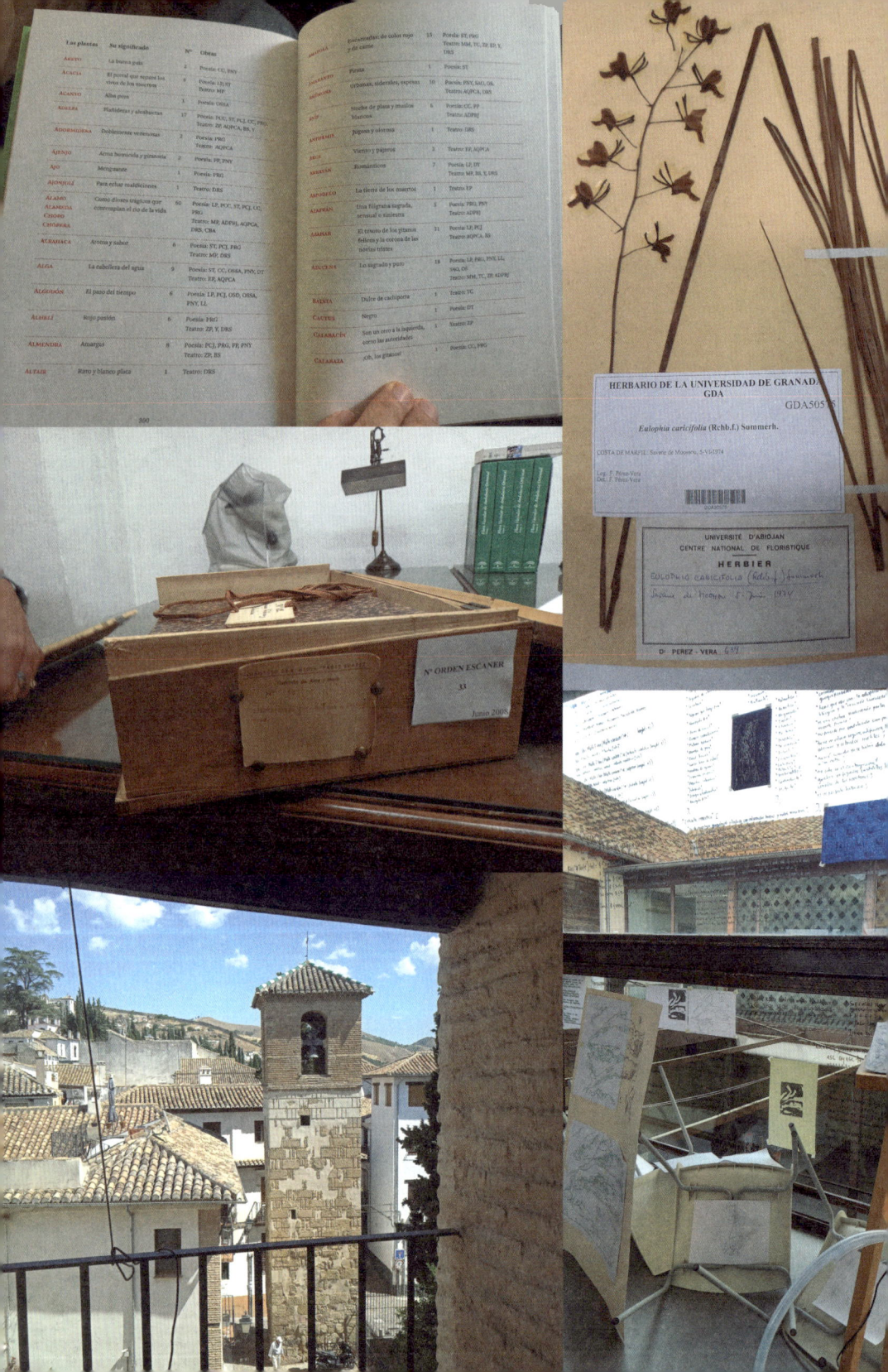

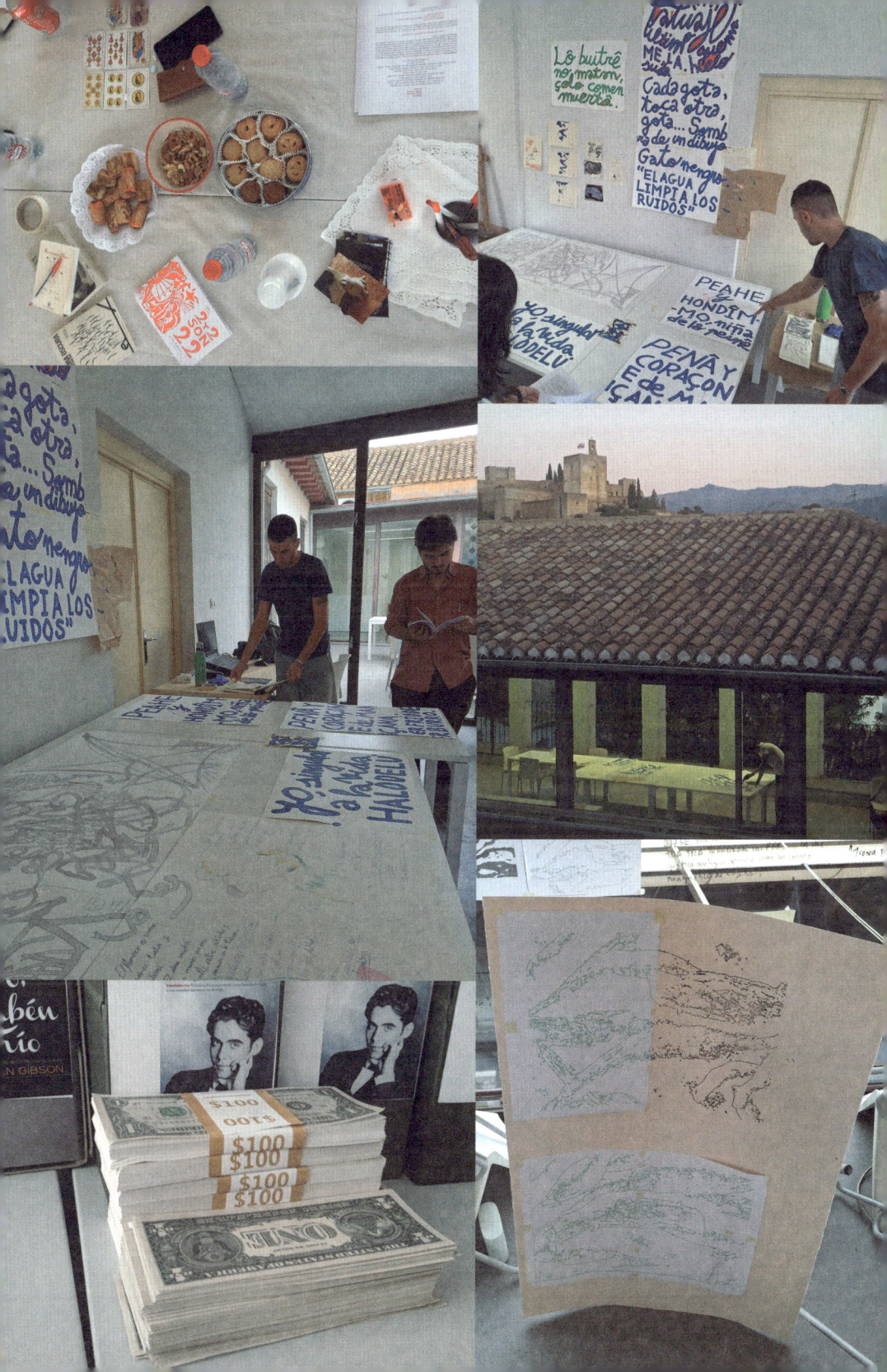

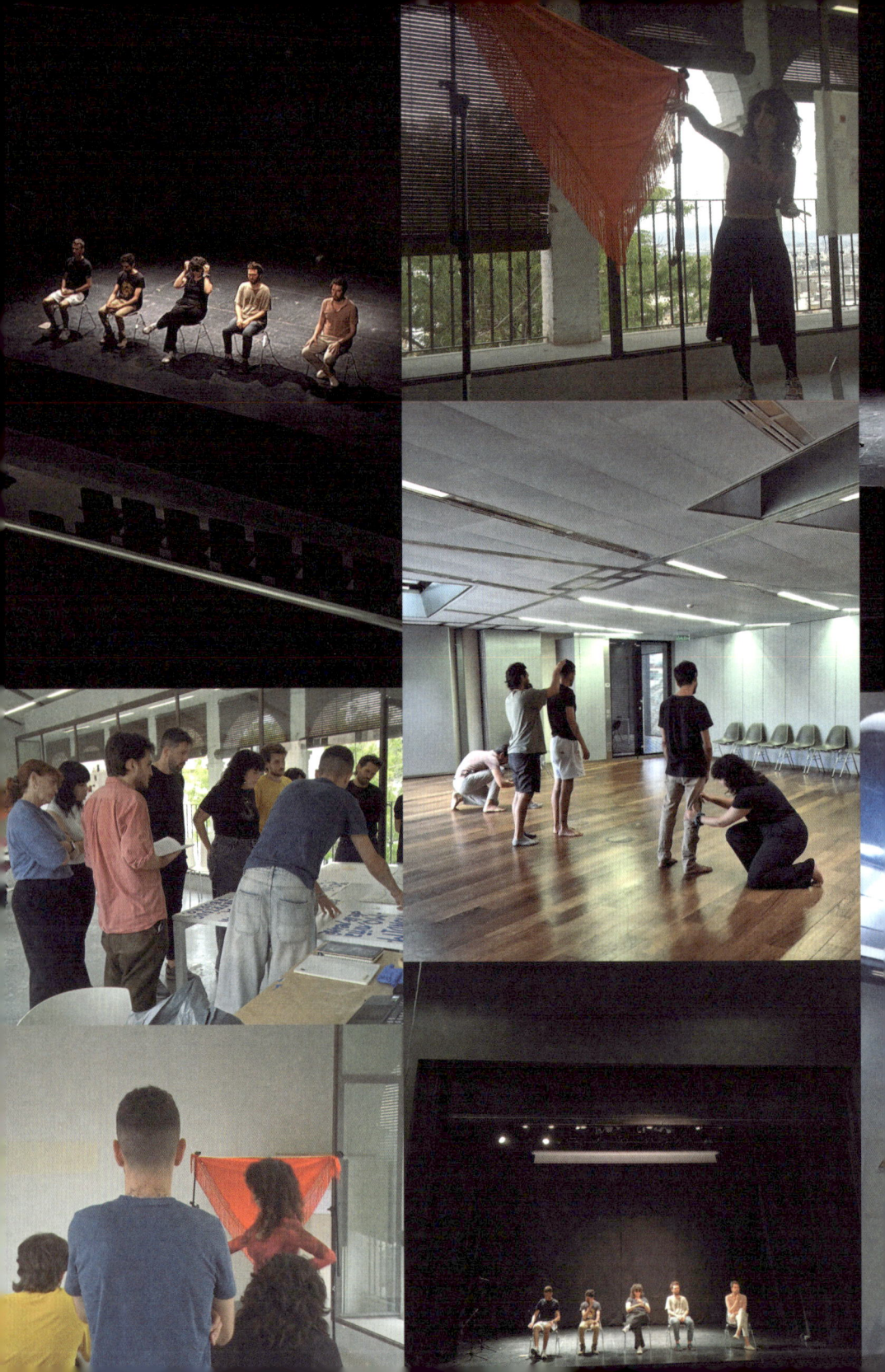

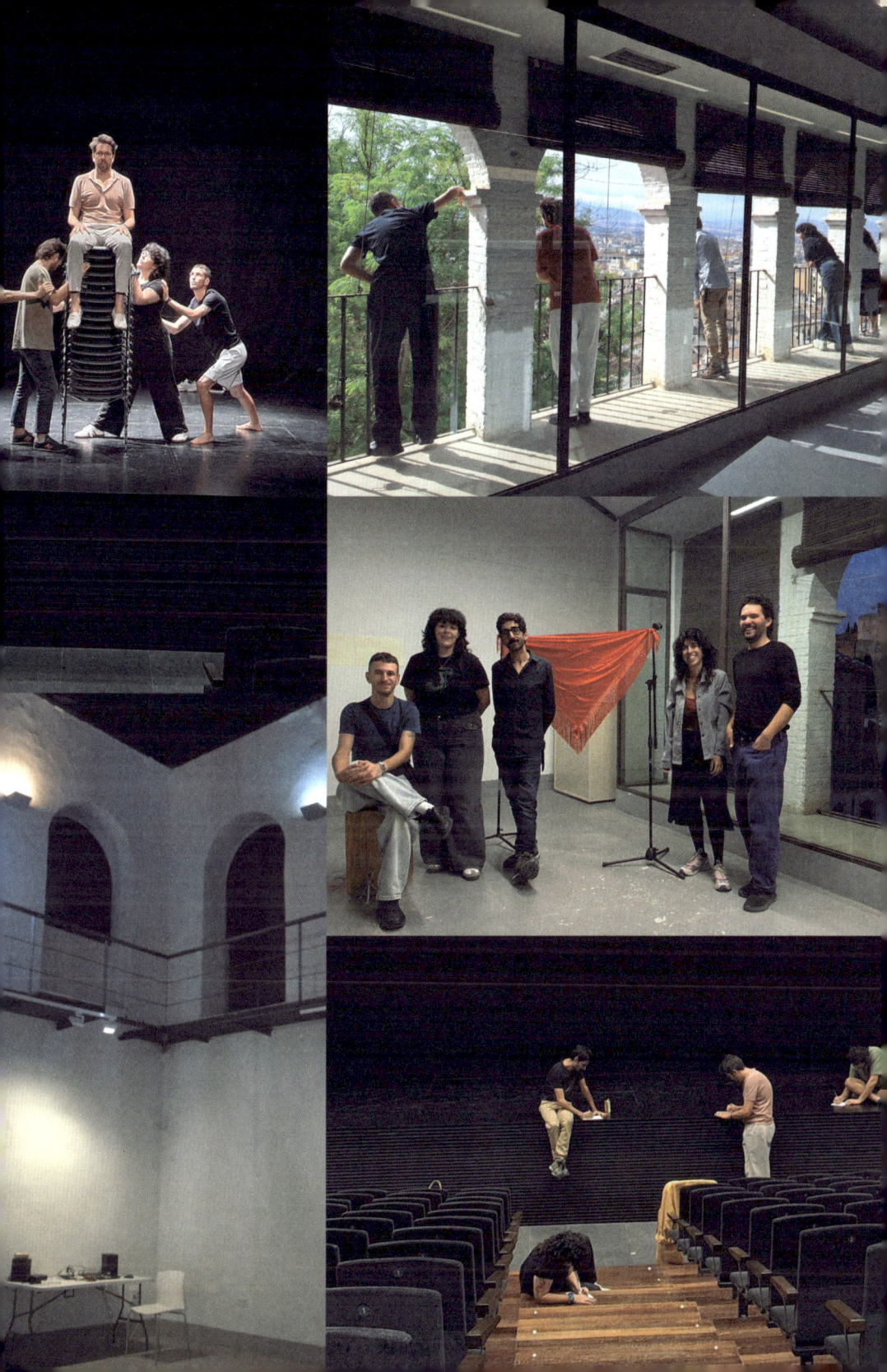

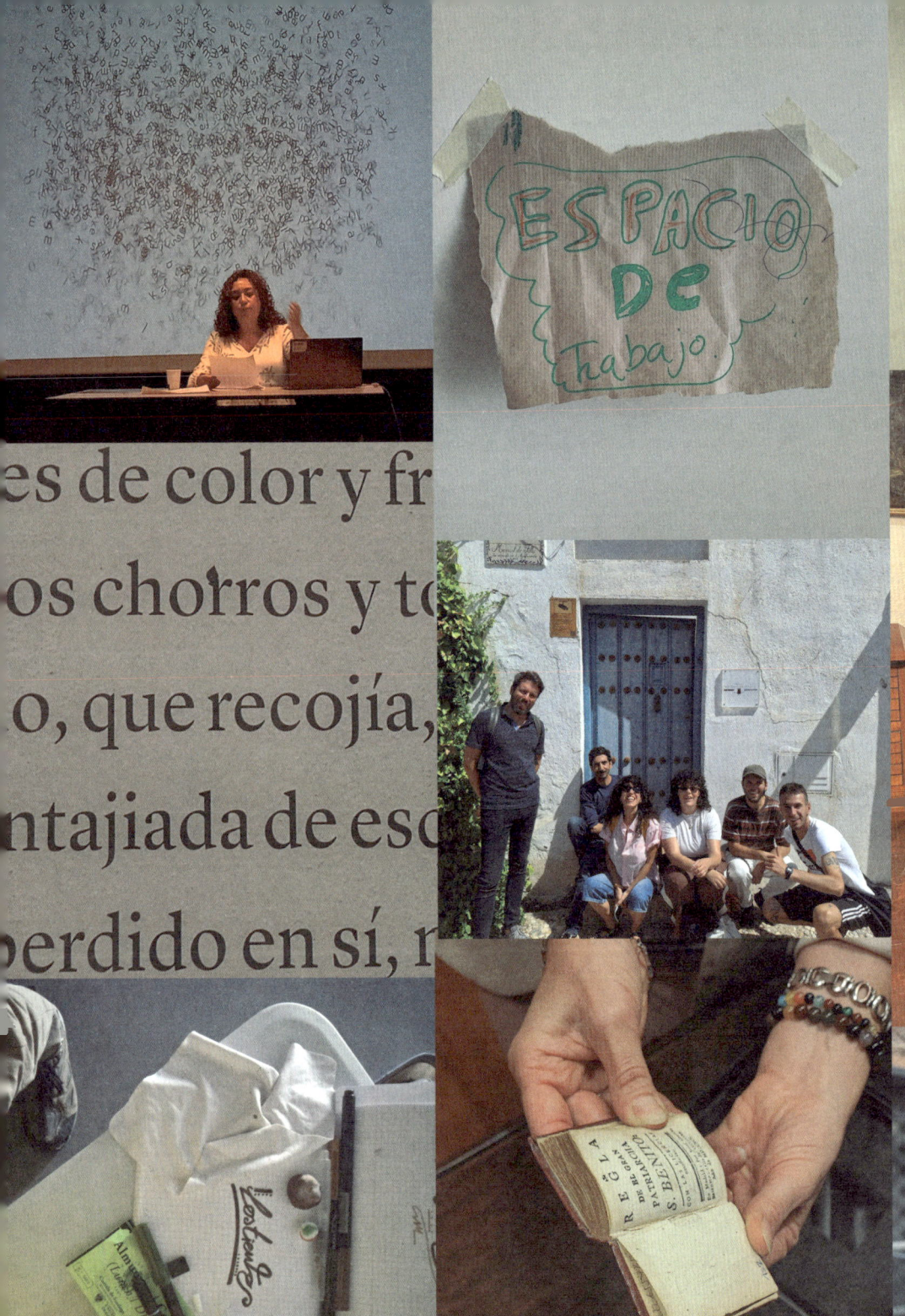

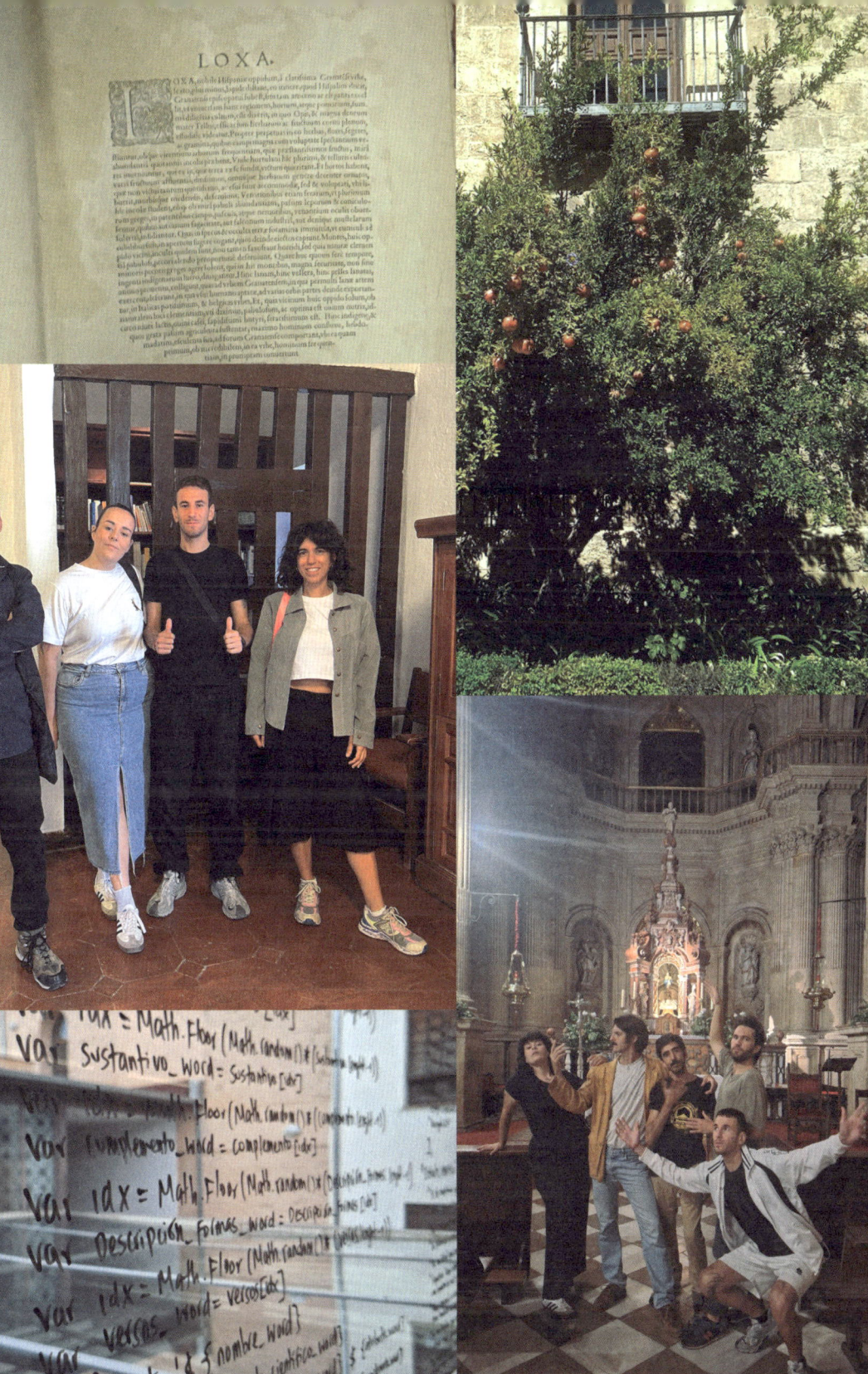

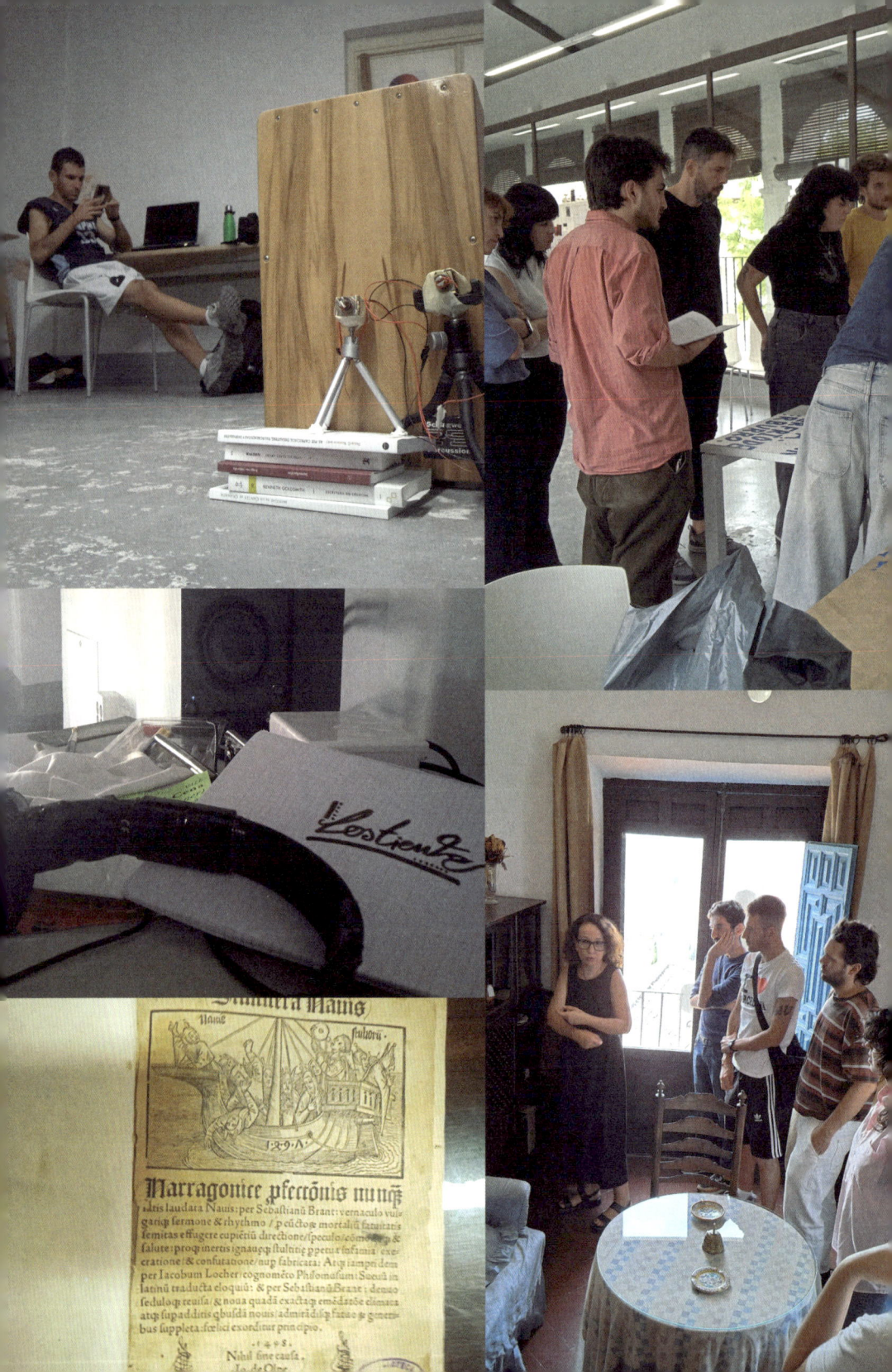

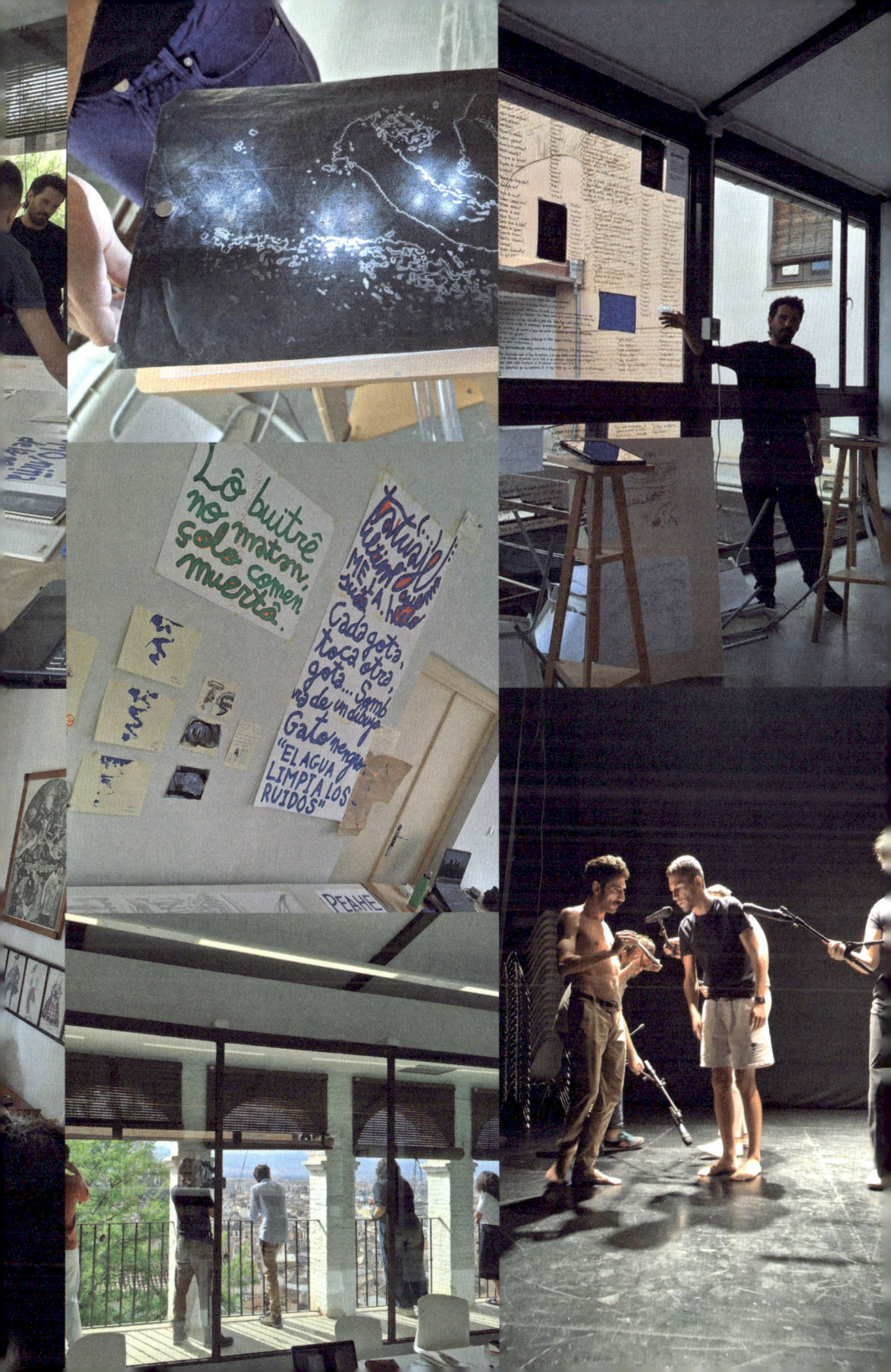

24–

— 25

Los Tientos

Marina
Cabañero

31 – 40

Sobremesa *(Sobre sobremesa. O sobre la mesa.)* La mesa

marina cabañero

Hay una mesa grande en el centro con sillas
alrededor.
Sobre la mesa hay un mantel blanco.
Sobre la mesa hay restos de comida, postres,
servilletas usadas, copas y vasos.
Sobre la mesa hay álbumes de fotos, un altavoz
de música, papeles, instrumentos y juguetes.
Sobre la mesa hay momentos, anécdotas,
canciones, acontecimientos,
heridas, cantes, historias,
chistes, bailes, chismes,
personas,
familias.
En la sobremesa hay
memoria.

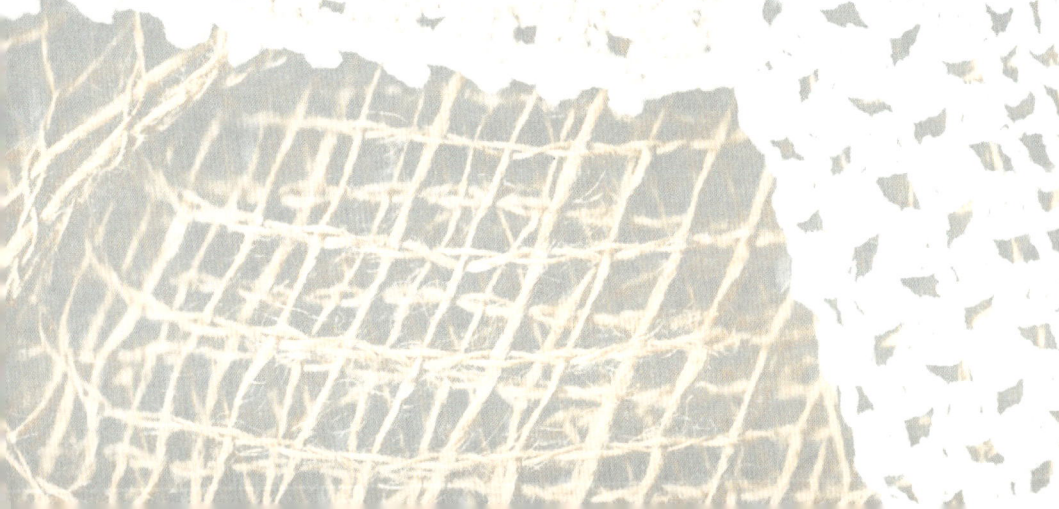

LA SOBREMESA.- Todo el mundo me recuerda por una mesa. Aparezco junto a las migajas de pan, los litros de cerveza y vino y lo que queda de la ensalada de tomate. Surjo de los cafés y los tés, como surgen también las conversaciones a mi alrededor. A veces son diálogos entre muchas personas, a veces son conversaciones casi clandestinas, confesiones que solo se pueden contar a unos pocos. O a casi ninguno. *(Mira a los demás. Pausa. Continúa con cariño.)*

Soy un banco de memoria, una bolsa de recuerdos, un agujero de testimonios, una canción favorita, la juerga después de la cena, el vídeo de la boda de los padres, la tarde con las amigas. El libro de firmas de la comunión. *(Se ríe, como recordando algo.)* Soy juntar el café con las copas y luego ya también la cena. Los niños jugando a las comiditas con tierra y flores en el jardín. Es algo muy nuestro; estirar tanto las horas que ya el día no es día, es un tiempo indefinido que pasamos todos juntos.

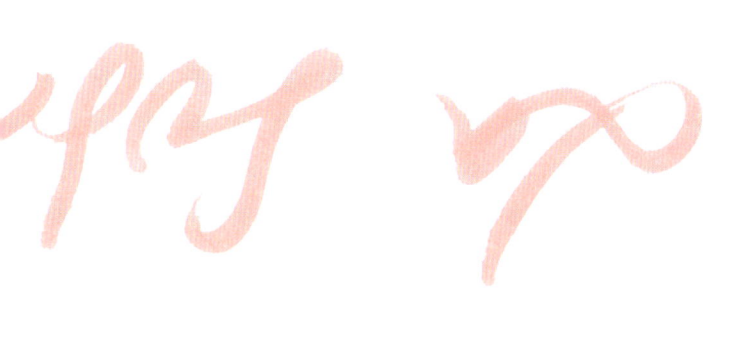

–Oye, ¿tú sabes que la abuela bailó en Nueva York?

–¿Lo estás diciendo en serio?

–Imagínatelos a todos allí.

Eran otros tiempos.

(Con aires melancólicos.) Hay un cenicero al que no le caben más colillas. Cada una es un silencio, una contemplación, como un punto y seguido. *(Mira las fotos. Se para en la que más le llama la atención.)* Hay gente que ya no está, pero es como si aún estuviera. Hay una caja de pañuelos entre servilletas sucias, por si a alguien se le escapa una lágrima. Que no se olvide nada, que el olvido duele más que el recuerdo.

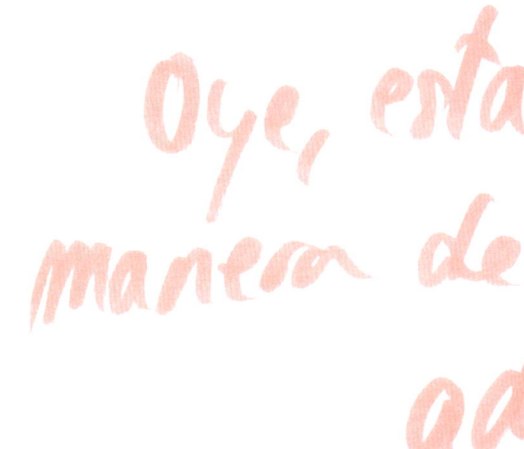

–Yo le quería mucho. Le quiero.
Vamos, es que yo le voy a querer
toda la vida.
A mí me da igual que ya no esté.

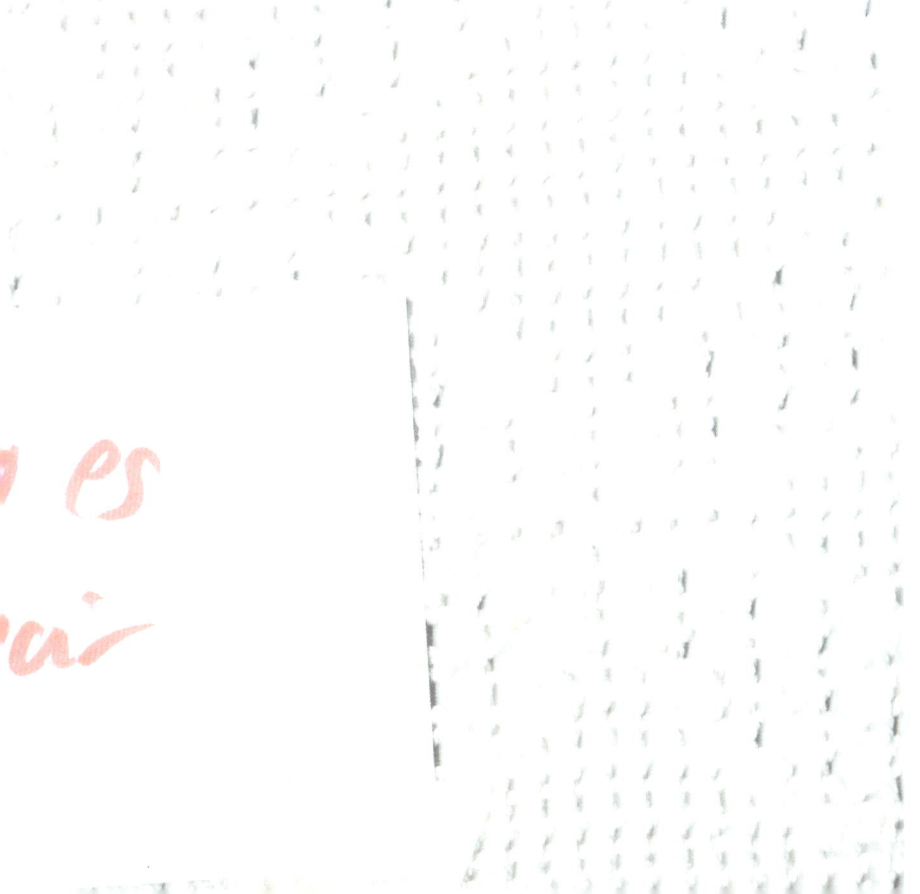

Esta pieza surge a través de una mirada reflexiva a la transmisión oral flamenca, de la necesidad de recordar el pasado y los acontecimiento que definen una o varias generaciones, un apodo, una familia, un legado. Lo no escrito y lo compartido.

La sobremesa surge de la admiración por querer contar y no olvidar.

Es una pieza viva, que se alimentan de quien quiere compartir y recordar.

Jero de los Santos

41 – 49

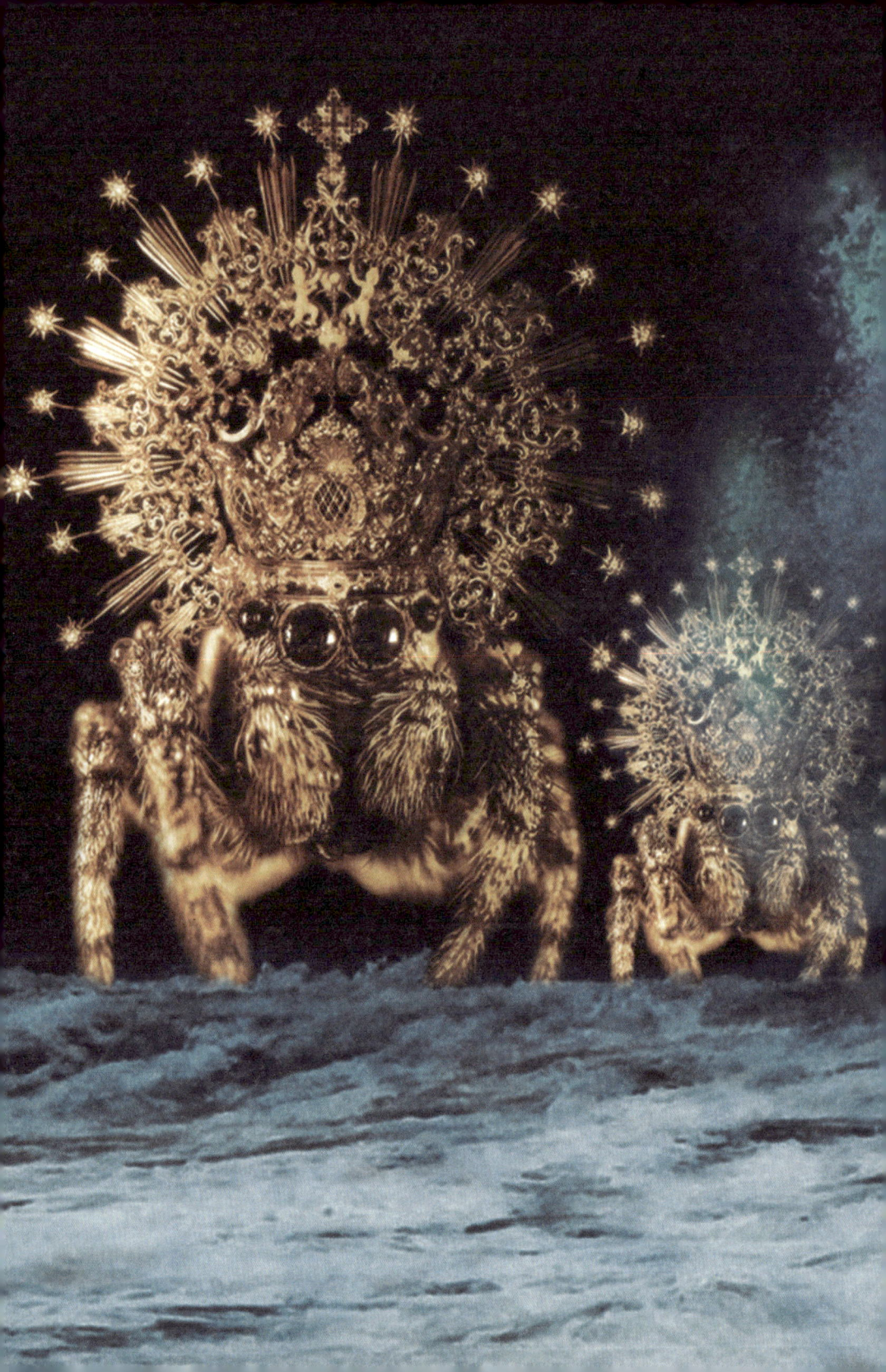

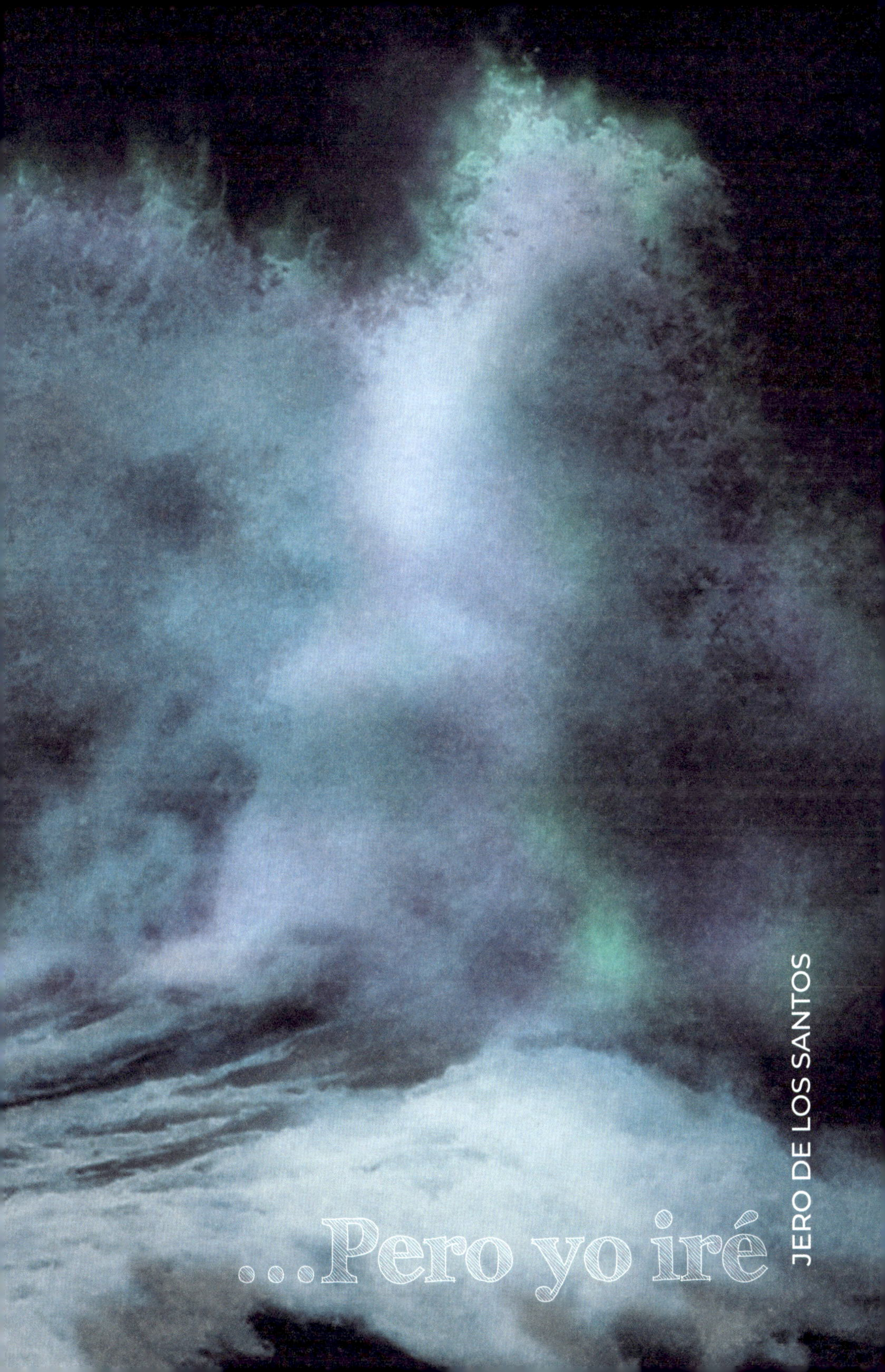

...Pero yo iré

JERO DE LOS SANTOS

Soy un artista kaló Queer, criado entre Sevilla y Cádiz, en los barrios de Amate, -periferia intercultural gitana, mora, negra y popular-, y la antigua judería . De orígenes chipioneros y portuenses, conectado con figuras como *Tío José El Negro,* caudal de historias, y *Tomás El Nitri,* símbolo del creador romaní inclasificable.

Trabajo mayormente sobre archivos personales, fotos, vídeos, grabaciones de sonido de antepasados o familiares de amigos. Me enfoco en generar una experiencia inmersiva, multisensorial, que vehicule una emoción y posibilite un lugar de encuentro para la reflexión, la celebración y la resistencia común.

Creo en el romanipen, como posibilidad de pertenencia más allá de las naciones. En el artivismo como herramienta. Contar nuestras historias es una práctica contrahegemónica.

PERO YO IRÉ es un instalación artística sobre la voz, -creada para el programa *LOS TIENTOS-*, en relación con el cante gitano y los narradores orales. He conocido o voy conociendo de esta particular herencia familiar cuando ya estoy -desde hace mucho- en el camino de contar mis cosas. Esto que siento y hago desde niño con los medios a mi alcance... es lo que han venido haciendo desde hace tanto los narradores gitanos. Una parte esencial de nuestra cultura que ha quedado desdibujada en el tiempo y sobre la que me emociona poder trabajar y presentaros ahora.

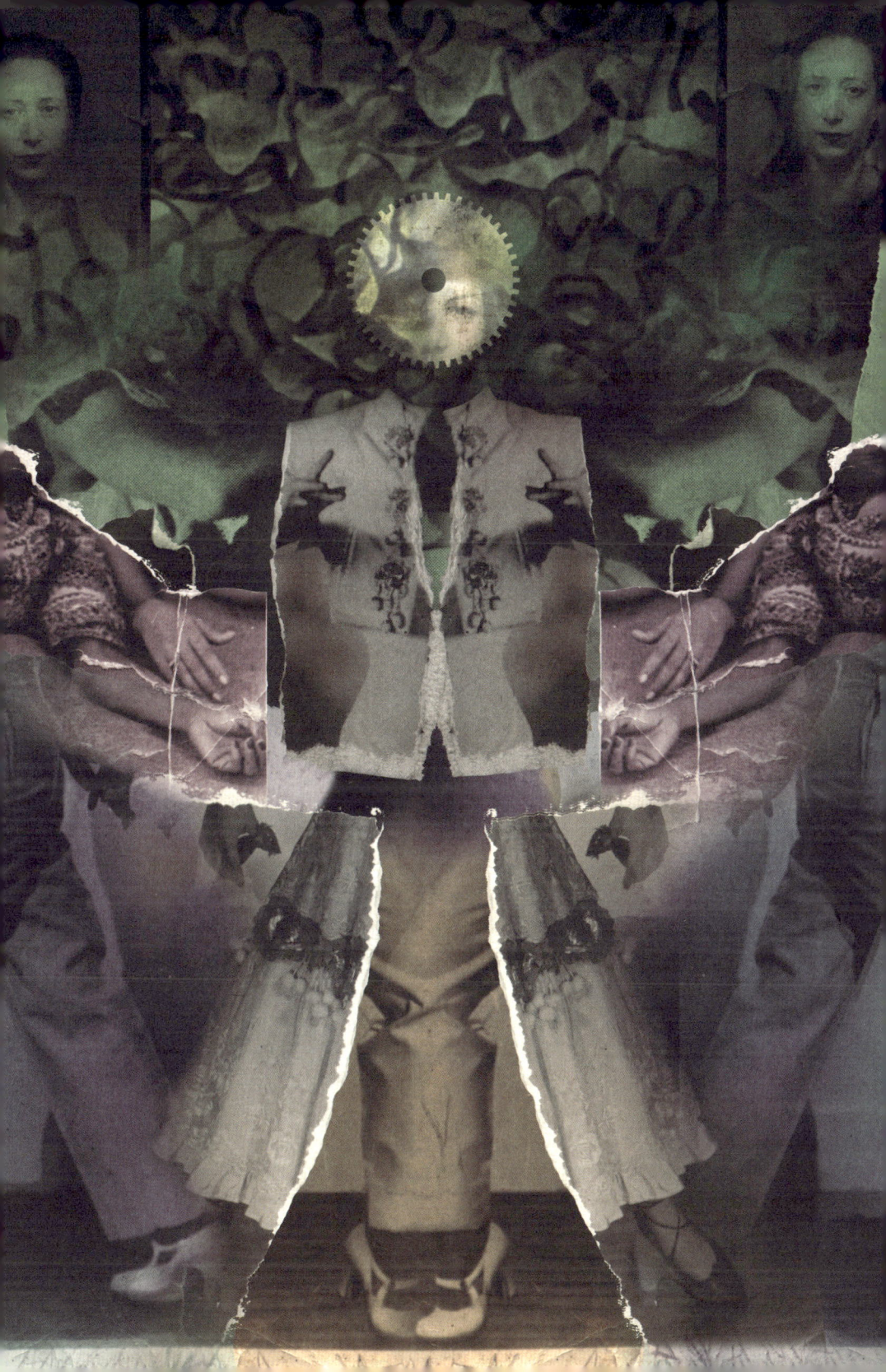

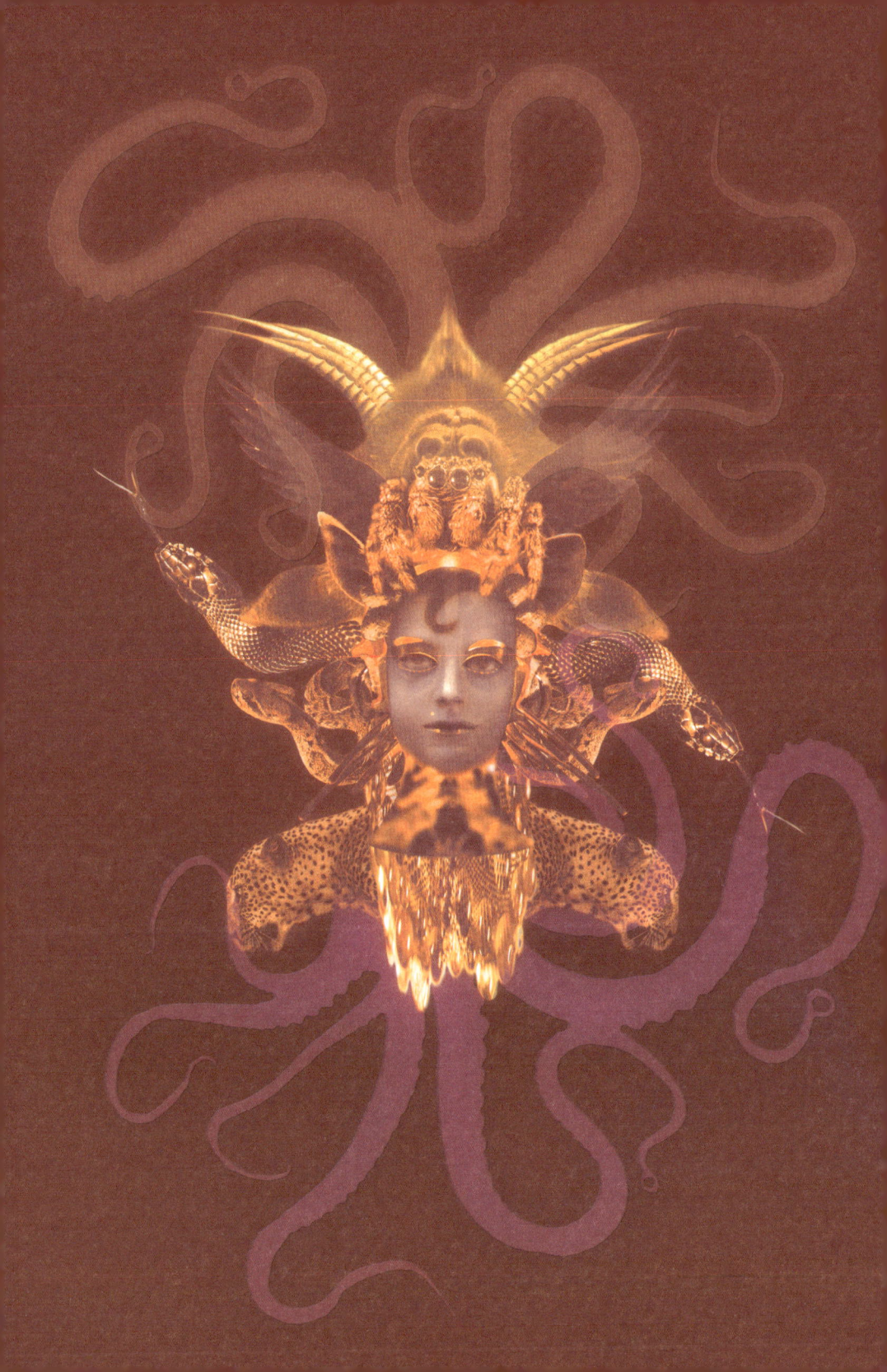

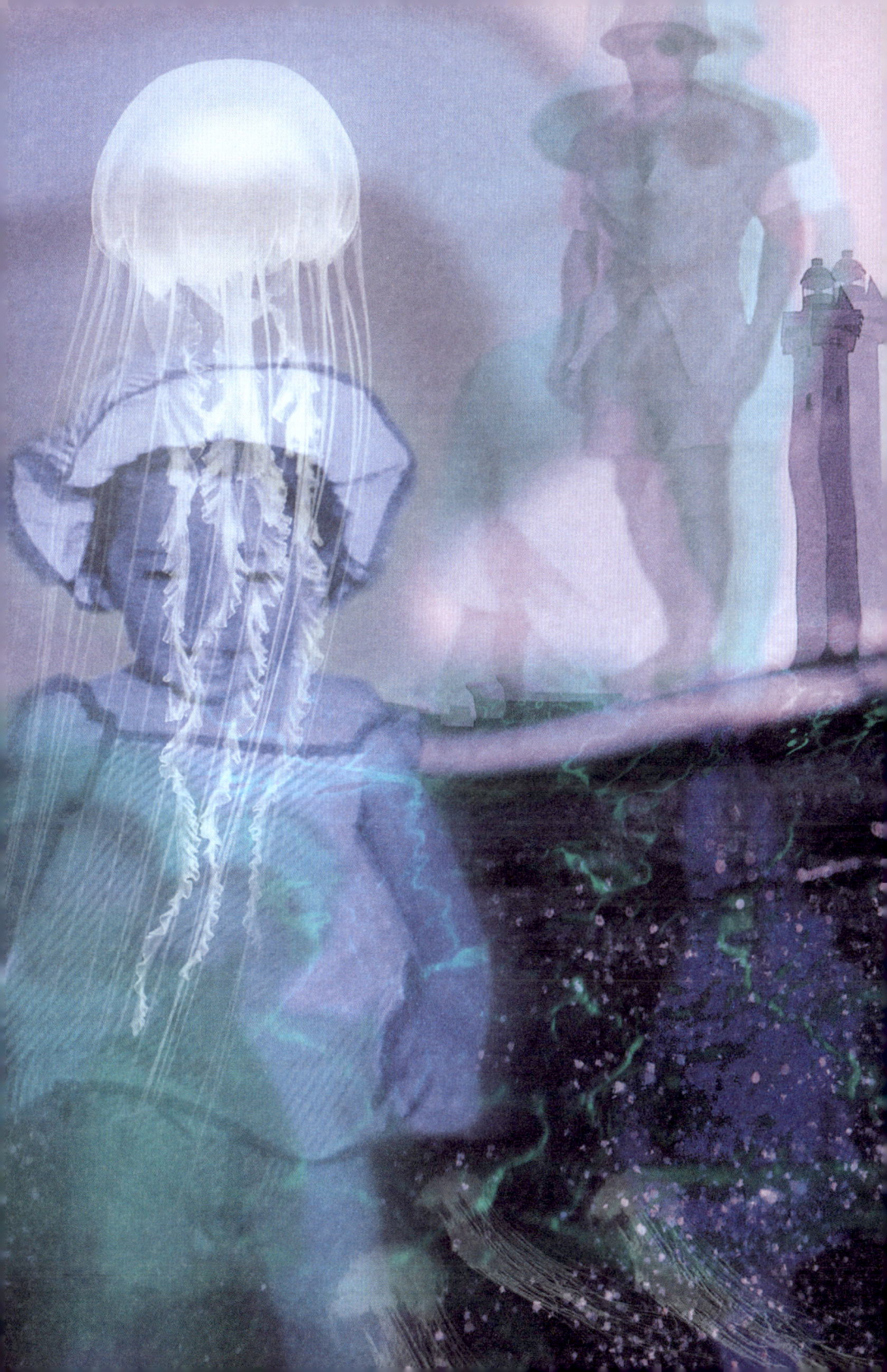

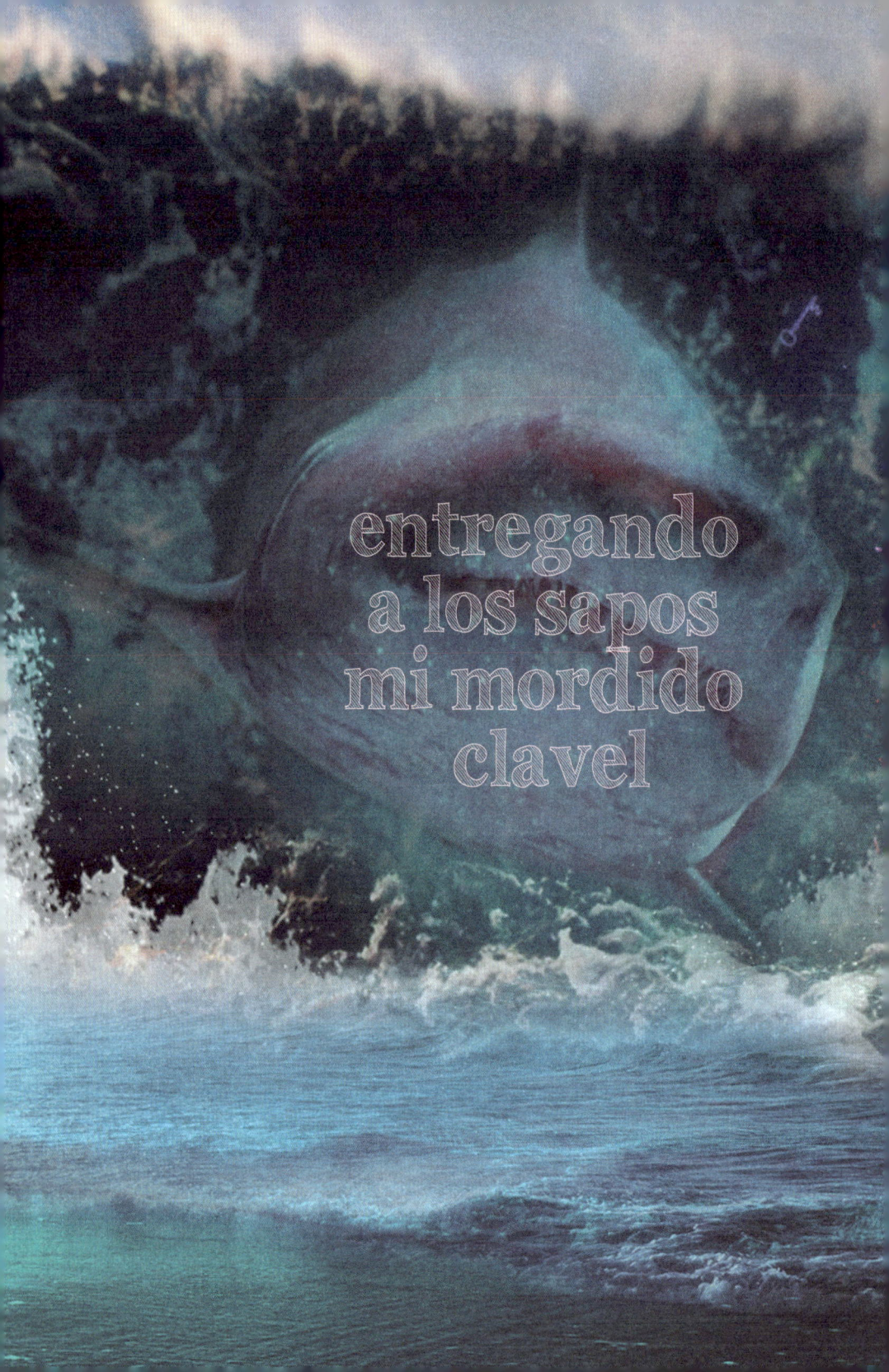

entregando
a los sapos
mi mordido
clavel

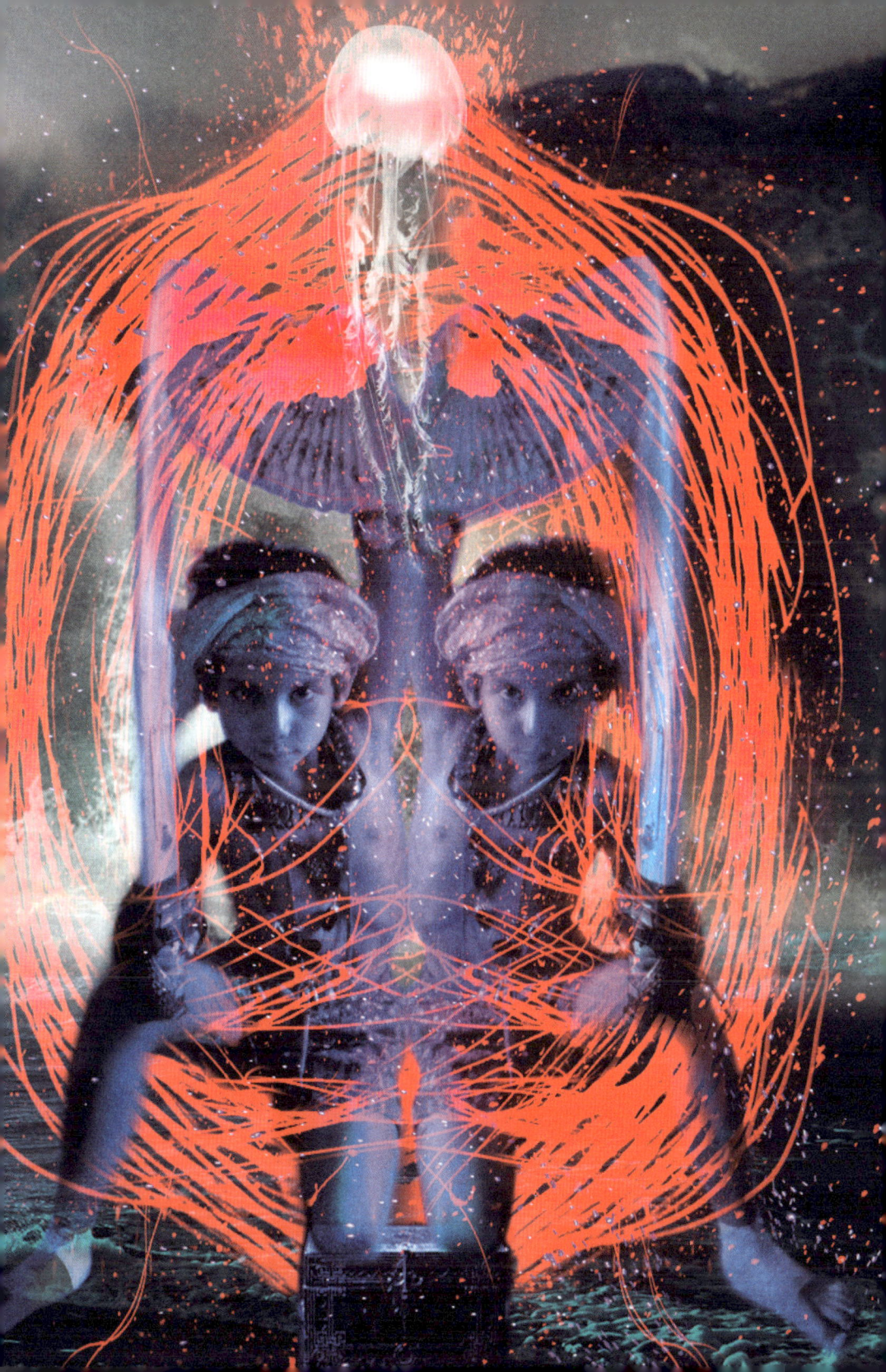

Daniel
Domínguez
Romero

51 – 60

HALODELU

Kenneth Goldsmith diría que ahora esto es mío.
Lo tomé prestado mientras escuchaba a Vicente Amigo.
Corazones de pan con aceite.
Y que el aceite flote sobre el té.
Jon Mikel Euba me dijo:
"Qué suerte, siempre tienes alguien a quien escribirle".

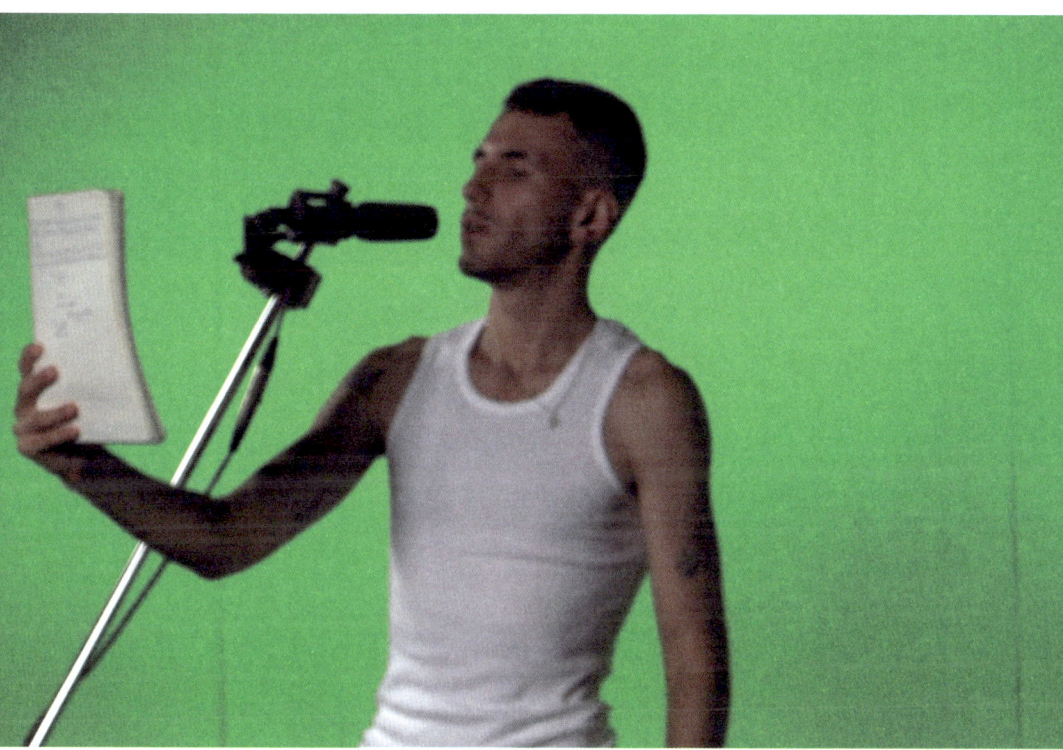

Hace tiempo que no dibujo penas.
Las dejé mojando el suelo
Zuelo.
Zoler.

Cuándo ando, arrastro las palmas por el suelo, recogiendo y haciendo pesca de arrastre.

Un día soñé que era una lámpara y que entraba en un halo de luz. Todo lo que tenía que decir ya lo dije y como no me entendió nadie y como no me escuchó nadie y como no se lo conté a nadie, me hice un capullo de tela y pan, en el que esconderme de los escupitajos ajenos, de las heridas y las pompas de jabón frías, del frío, aunque tengo que decir, que cada vez me gusta más el frío. El frío y el calor me gustan igual.

Y antes hablaba mucho.

Y antes hablaba del mar, de lo que veía y de lo que no veía. De la sal y la arena, de cuevas y boquetes, de la pena que me dejó una mujer y de la alegría que me dejó otra mujer y la pena que me dejaron los hombres y las viejas y las perras y los burros.

Me hice amigo de un charco, de un caracol, de dos palmeras y de otra mujer.

Les hablaba, lloraban mis llantos, me veían cantando y dibujando en sus paredes.

Este texto lo escribí cuando hablaba con alguien con el pelo rizado y el Sol bajaba tanto que tuve que leer con los ojos casi cerrados.

Me lloraban los ojos.

–Señora, señora, un ojo le llora–.

Eso lo dice mucho mi madre.

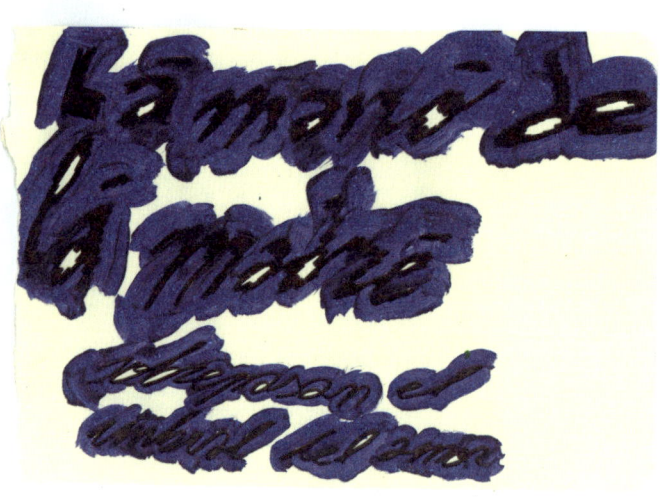

Omá. Tinta china, bolígrafo y pintura acrílica sobre papel. 15 x 21 cm

Peahe y hondimmo. Rotulador, lápiz y pintura acrílica sobre papel. 70 x 50 cm

Yo hablo así, de verdad, lo juro.

A veces miento, pero hoy no.

Metía las manos en la arena y apretaba fuerte fuerte fuerte fuerte y soltaba.

A veces no me acuerdo de lo que es mío.

El habla es mi recuerdo generador de vida.

Tó mi vida se mide por la boca, la lengua y el zonío

Uno, cuando se aburre, vuelve a lo que fue.

¿Cuál es la pauta que une, la que reúne?

Primero. La información va al espectador y no el espectador a la información.

Segundo. El espectador se tiene que dejar atravesar por esa información.

El proceso de escritura es mi proceso pensativo. Escritura como acto pensante.

Acto de escribir como pensamiento, como ordenamiento, para asentar una idea vaporosa.

La escritura pesa, es matérica, es física y corpórea.

La palabra tiene integridad propia, solo por las mañanas.

Ahora, me sale humo al levantarme de la cama.

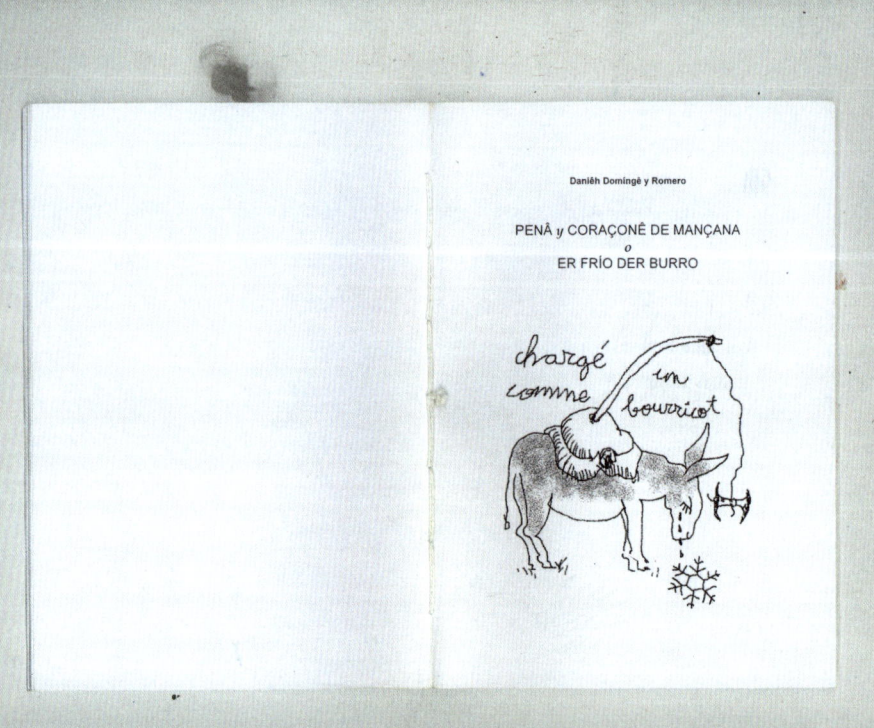

Dejé de comprender la producción como una lucha contra la propia obra, contra la materia. "Dar el callo". Me cansé de
dar el callo aunque lo siga dando desde el nihilismo.
Mami, en los libros lo llaman "Nihilismo" (Nihilism)
En la calle que todo te da lo mismo (Ah)
Yung Beef - Cryin' fo' Poor Love (Bonus Track)
Este texto lo escribí cuando andaba descalzo encima de un suelo de manera. Ese día me cortaron el pelo mucho, mucho más de lo que me lo suelen cortar. Terminó el verano. Nunca más volveré a tener 24 años.

Cartografía. Dos dibujos. Rotulador sobre quiniela. 15 x 8 cm

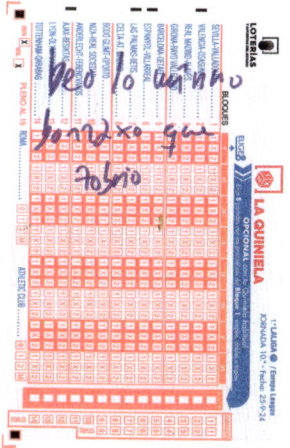

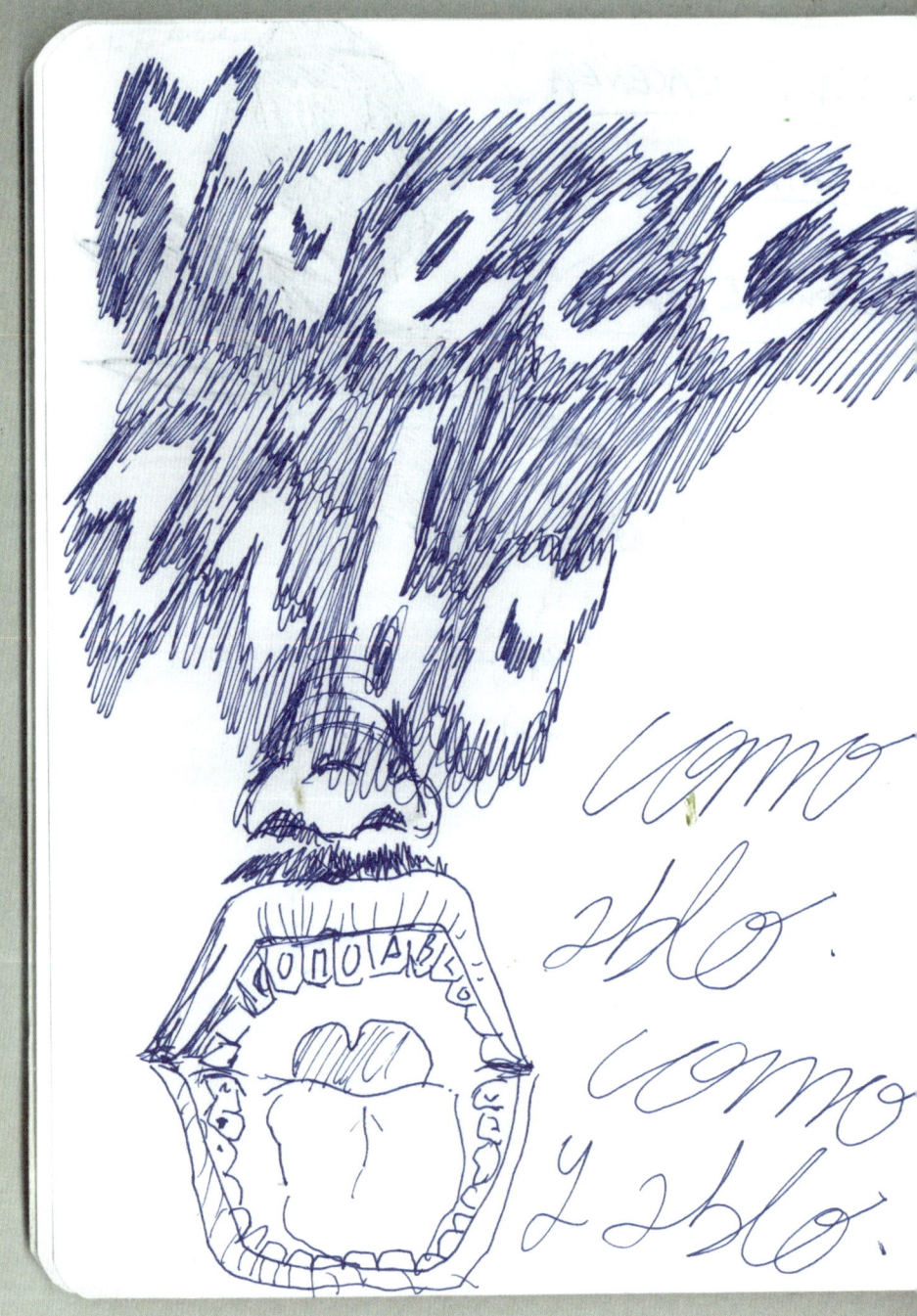

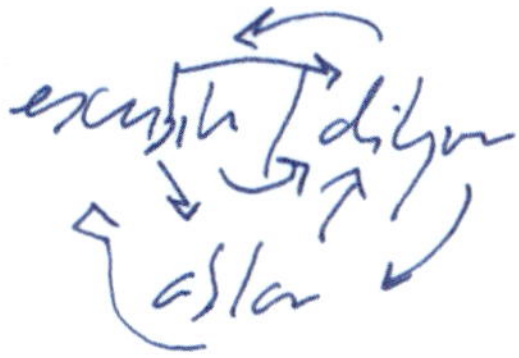

Escribo como Ablo

Ablo como escribo

o dibujo como aslo

Yo aslo como dibujo.

o escribo como dibujo.

o dibujo como escribo

~~Yo aslo como escrib~~

lenguaje y carne.

Como esta mi mae.

Mezcla, disidencia, suciedad, corrupto, sin refinar, blasfemo.
Mis dibujos tienen mucho de ello. Me interesa reflexionarlo como algo contaminado,
como la pulpa del zumo, como la escoria. Se aleja de lo que se dice, de cómo se dice,
del porqué se dice. Se aleja de la manera de decirlo, de la manera de mostrarlo.

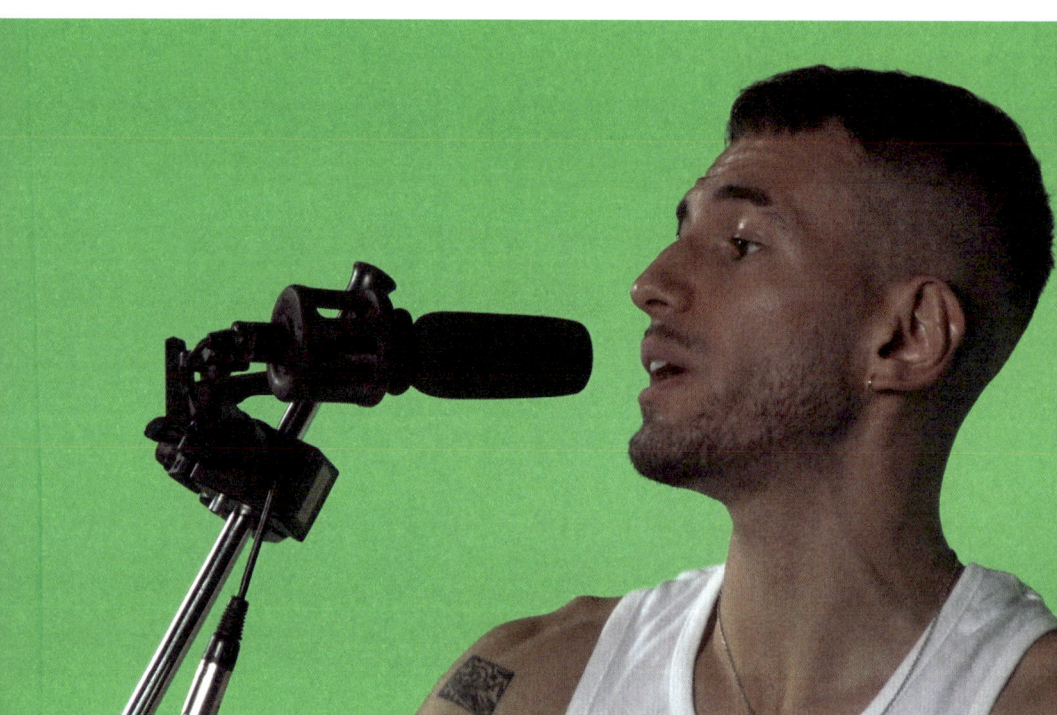

Porque yo me siento así, mezcla dentro de la hoya del puchero, me siento como la
espuma del puchero, escoria potenciada. Esto me lo explicó mi abuela. Cuándo
metes los avíos del puchero a hervir, antes tienes que enjuagarlos (tienen que ser
purificados) porque si no se hace, se genera suciedad en el caldo. Luego, se lavan.
Aun así, dice mi abuela, ziempre ziempre ziempre zale mierdezilla. La impureza se
abre camino y es solo cuando rompe a hervir, cuándo se puede retirar la espuma del
puchero. Esa espuma, es la escoria genuina que tarda en irse, que se incrusta en los
laterales de las hoyas y las esquinas del lenguaje y en las arrugas de mis dedos. Argo en
potencia de ser algo.
Lo impuro me interesa como potencialidad.

Laura
Llaneli

61 – 70

TONO

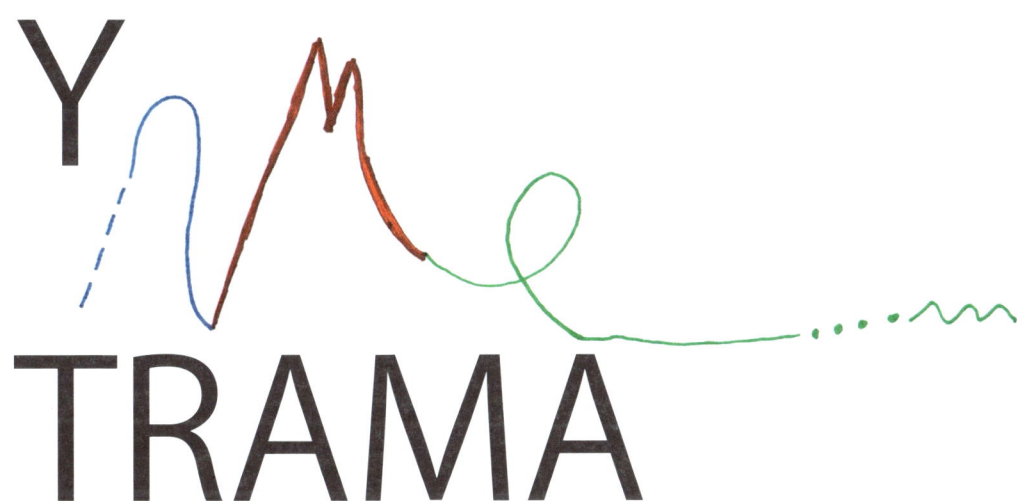

Y

TRAMA

Una obra sobre la autopercepción de la voz y su representación gráfica con grupos de mujeres mayores.

Laura Llaneli en colaboración con

Josefina Roiget, Rosa María Gómez, Mª José Medina, Rosalia Capella, Marcela Soto, Mª José Llaneli, Mª Carmen Pérez, Petri Combarros, Nuria García, Tere Palomo, Paquita Acosta, Mayte Simón, Paquita Sanz, Teresa Arrebola, Pilar Méndez, Isabel Sánchez, Luisa Sánchez, Chari Sánchez, Antonia Sánchez, Lola Rei, Inmaculada Fernández, Yolanda Bernad, Emilia Pujadas, Margarida Agramunt, Mercè Castell, Loli cabezas y Mari Sánchez.

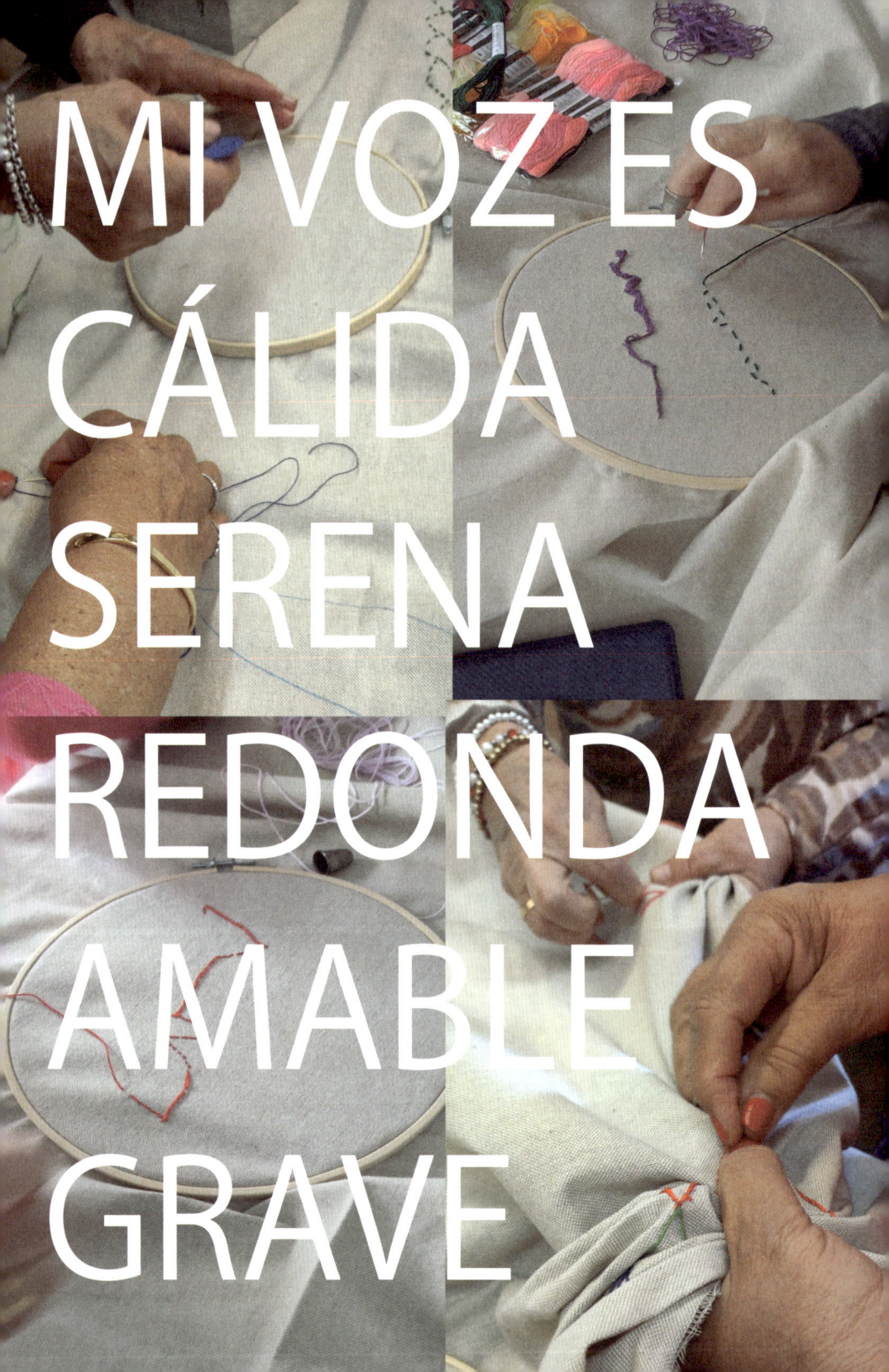

MI VOZ ES
CÁLIDA
SERENA
REDONDA
AMABLE
GRAVE

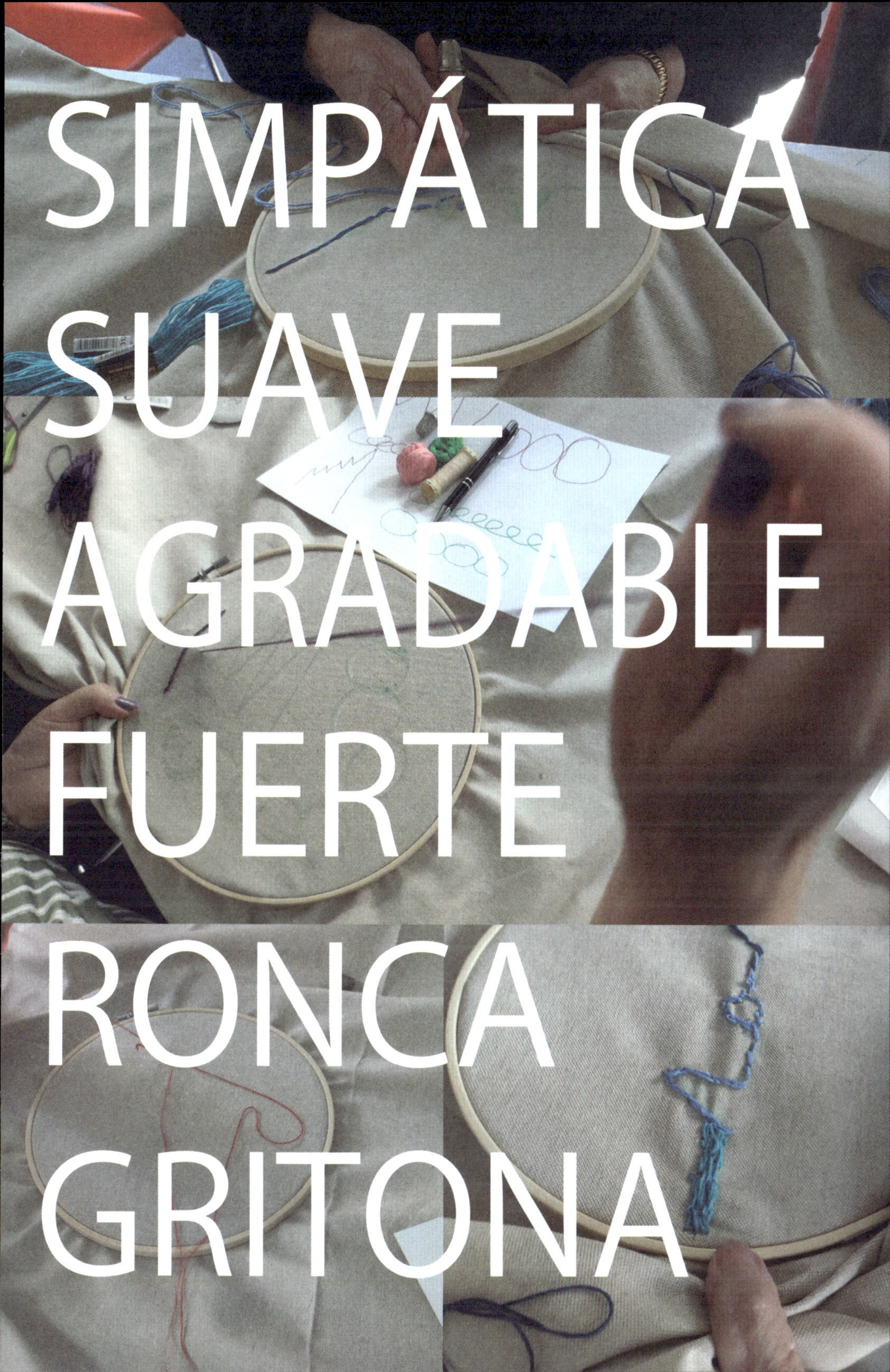

SIMPÁTICA
SUAVE
AGRADABLE
FUERTE
RONCA
GRITONA

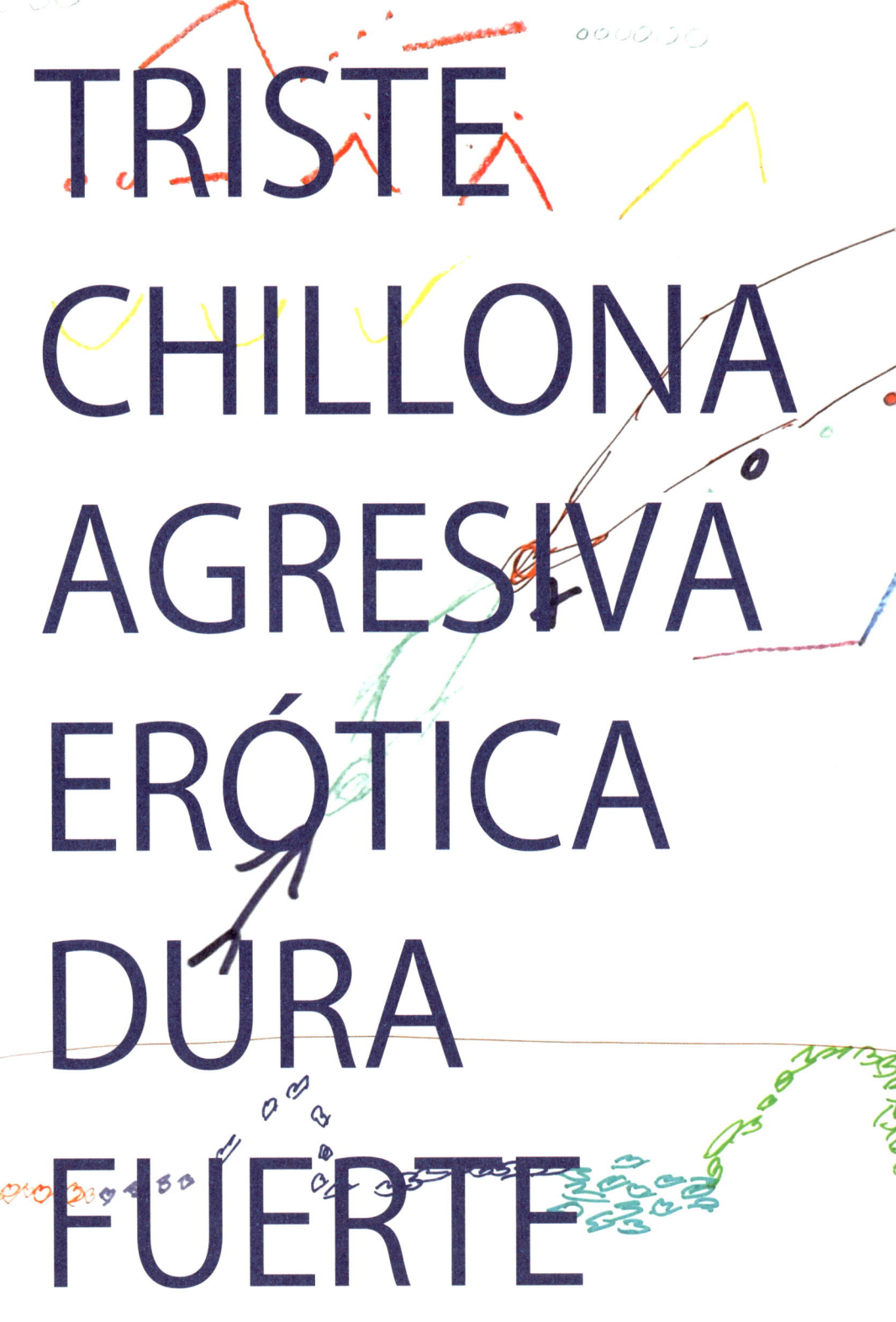

TRISTE
CHILLONA
AGRESIVA
ERÓTICA
DURA
FUERTE

CALMADA

MASCULINA

JOVEN

RONCA

SONORA

AGUDA

SUSURRANTE
MELOSA
AFÓNICA
LIGERA
PRECIPITADA
CLARA

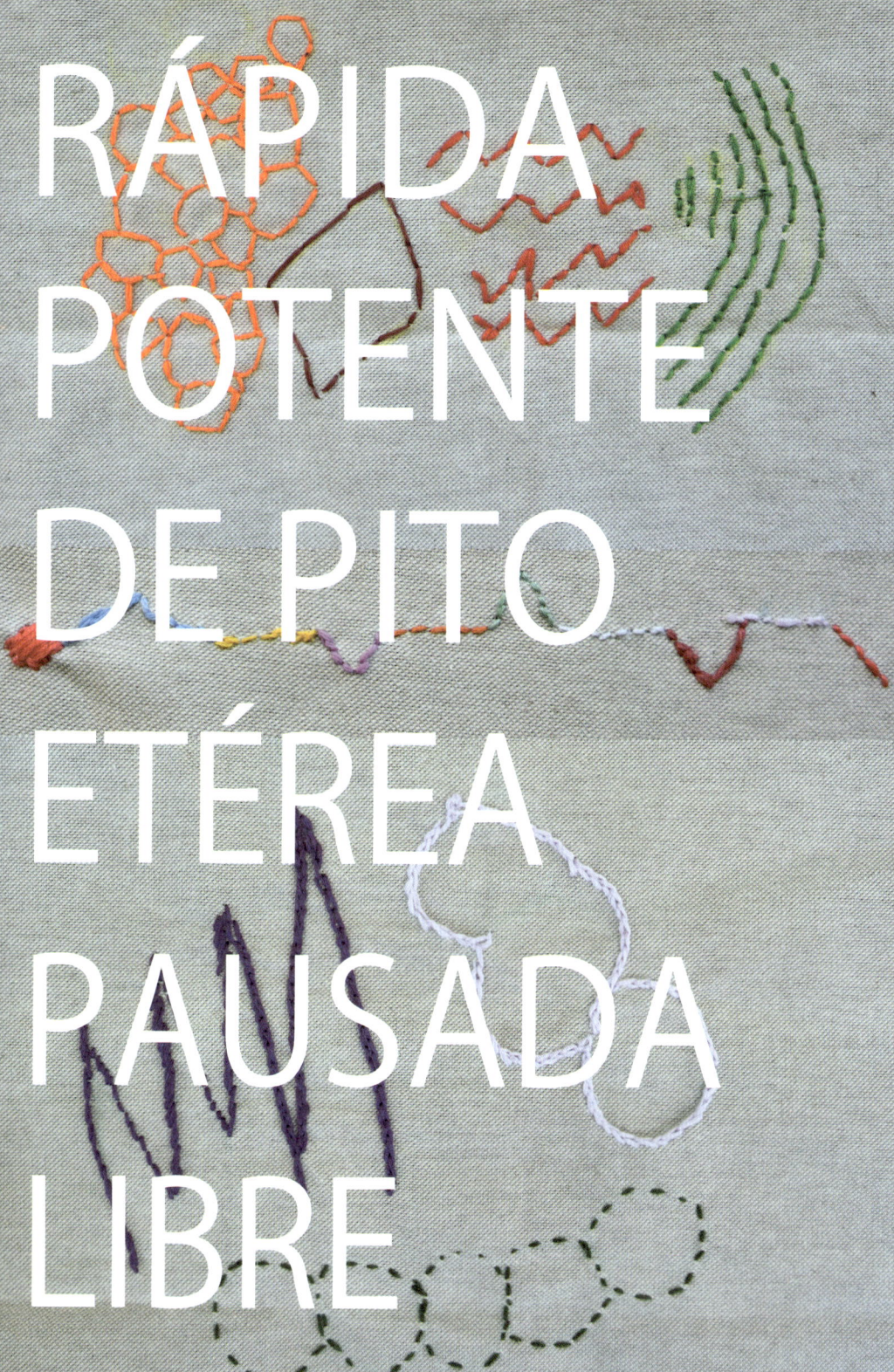

RÁPIDA
POTENTE
DE PITO
ETÉREA
PAUSADA
LIBRE

Tono y Trama es un proyecto que explora la autopercepción de la voz en mujeres mayores, combinando el sonido y la imagen desde una perspectiva gráfica, sonora y colectiva.

A través de talleres con comunidades y asociaciones, se proponen dinámicas que invitan a las participantes a cuestionarse cómo creen que suena su propia voz: ¿te gusta tu voz?, ¿te representa?, ¿cómo la definirías? El proceso comienza con la escucha atenta y la descripción verbal, para después avanzar hacia la grabación sonora y la representación gráfica mediante el dibujo de línea.

La voz, entendida como materia viva y cambiante, acumula matices, historias y silencios que también hablan. En este proyecto, no solo se escucha: la voz también se ve, se siente y se transforma en grafismo. A partir de las interpretaciones gráficas generadas, se confecciona una pieza textil colectiva, bordada por las propias participantes. Este tejido, que se va ampliando sucesivamente en cada sesión, construye una obra visual coral, una cartografía táctil y simbólica donde cada hilo es una voz y cada puntada, una huella en el tiempo.

Tono y Trama busca plasmar su impacto en la identidad y en la percepción de sí mismas: la voz como un paisaje interior, una vibración persistente que deja rastro.

Camilo
Mutis
Canal

71 – 82

Glosolalia botánica

En el tiempo de la residencia conocí el término glosolalia, aportado por el poeta Ricardo Molina y el cantaor Antonio Mairena, para señalar en el cante flamenco la imitación de instrumentos con la voz y los juegos vocales. También se refiere a un lenguaje ininteligible e incluso a lenguajes inventados, construidos a partir de onomatopeyas, repeticiones y sílabas sin sentido.

-"tirititrán", "len-leré", "lolailo", "tirititi", "ya-yay", "tran-tran", "trabilitrán"-, tarara, larala, alala, tiritiritir loleilo, lerele, lolailo, lalalala, torrotrón, laran laran, tan taran tan, aylili, y otras muchas.

QR: Glosolalia de Pastora Pavón La Niña de los Peines (canción *De Sevilla a Cádiz*)

Me interesó llevar este concepto de *glosolalia* a la botánica y explorar otros modos de narración de lo vegetal. Indagar qué lenguajes pueden emerger entre lo científico, lo poético y el flamenco, qué escrituras e imágenes surgen desde lo borroso y la desarticulación, así como imaginar el sonido de las plantas desde onomatopeyas y ficciones fónicas.

CUANDO EL ÁRBOL DEJA DE SENTIR CALOR SU CORTEZA HACE UN CANTE EMPARENTADO:

EEEEEEEEEEEEEE EEEEEEEEEEEEEEEEE EEEEEE EEEEEEEEE

UNA MELODÍA CON AROMAS DE ROMERO:

AIIIIIIIIIIIIIIIIII III

UN CANTE (O UN VERSO?): EIIIIII AIEEEEE EEEIIIIIIII OOOOOOOOOOOOOOUUUUUUU

Imagen 1: Cartel tipográfico

QR: Improvisación sonora realizada en la muestra pública del taller con Ernesto Artillo. En ella, realizaba juegos vocales para imaginar los sonidos de algunas plantas y explorar la voz como materia que no tiene que articularse. A través de relatos especulativos (y en ocasiones absurdos), asociaba estos sonidos vocales con el flamenco: "la yuca es una raíz que se ensancha a la misma velocidad que se canta una bulería". Una búsqueda de lenguajes que no son lógicos sino resonantes y que exploran formas de comunicación que no se reducen al significado ni al dominio de la palabra.

"La yuca es una raíz que se ensancha a la misma velocidad que se canta una bulería"

Plantas flamencas de sol morado

Plantas flamencas de sol morado es un herbario de plantas inventadas que combina imágenes de tubérculos, descripciones botánicas y expresiones, coplas y canciones del flamenco en una página web, una publicación y una instalación. Esa combinación sucede con ayuda de un código de programación, diseñado exclusivamente para el proyecto, que organiza aleatoriamente frases y palabras en una estructura sintáctica específica. El resultado son quimeras entre lo científico y lo popular, entre la copla y la archivística, que dan vida a distintas poéticas y especies.

Navaja de yuca

Fue clasificado como un tipo de forastero, es de origen reciente y puede ser reproducido artificialmente. Es probable que se trate de una población segregante que se originó de una cruza entre trinitarios en un comercio conocido como fino.
Su color callado canta ciego.
Tiene manchas de alameda y árbol.
Su forma es una instrucción para equivocarse.

Cuando sus raíces se ensanchan se genera un compás de saetas:
t t t t t t t t t t t t t t t t t t t t .... Un zapateo brillado con fairy.

La idea del herbario nace a partir del título "Coplas mecánicas" que conocí durante la residencia en Granada. Proviene de las obras poéticas de Juan de Mairena, uno de los antónimos del poeta Antonio Machado, y hace referencia a un conjunto de coplas producidas con una máquina de trovar. La máquina estaba compuesta de un teclado y una imprenta automática que componía versos, un conjunto de entrelazamientos tecnológicos que invitan a imaginar otras formas de escritura y composición desde el azar.

Helecho armadillo

Es un refugio para la flora antártica antigua.
Su color quebradizo atraviesa el galope como un limón de cera.
Tiene restos de alameda y árbol.
Su forma es una voz optativa.

Cuando escamea parece un menda nadando: esc ay esc tza es ish ps esc ay esc ay ishhhhhhhhh. Chapotea como una memoria mecánica - - - - - - - - - - - - - - - **_ *-_____*_ se escuchan huecos grandes en las líneas.

El código de programación funciona con diferentes variables, como *planta, extracto científico, adjetivo, atributo, sustantivo, complemento, descripción_formas y versos*. Cada una de estas variables es alimentada con palabras y frases creadas y/o copiadas de diferentes fuentes, como canciones del flamenco, coplas, conferencias del cante jondo, relatos y descripciones de plantas. Las palabras y frases seleccionadas se vuelven datos que se combinan entre sí con ayuda del código generado. Una combinación casi infinita de nombres, descripciones, adjetivos, atributos, versos, etc. que dan vida a las diferentes especies del herbario.

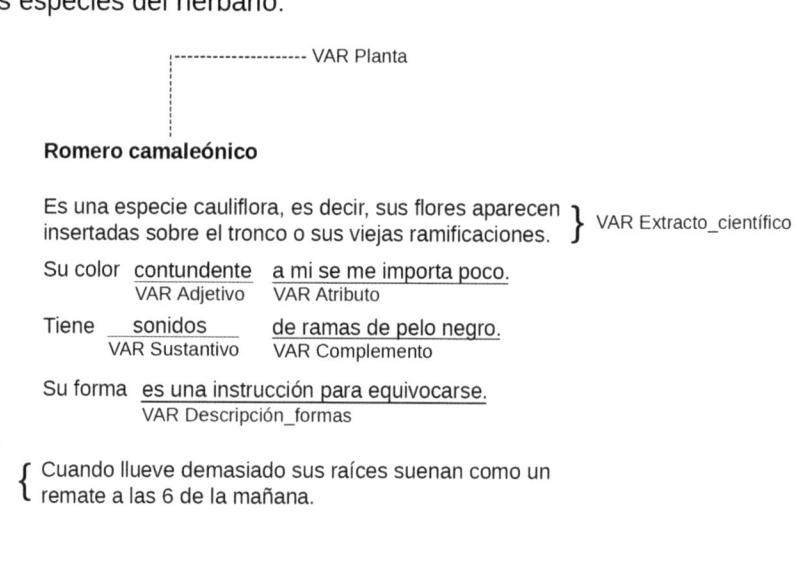

|-------------------- VAR Planta

Romero camaleónico

Es una especie cauliflora, es decir, sus flores aparecen insertadas sobre el tronco o sus viejas ramificaciones. } VAR Extracto_científico

Su color <u>contundente</u> <u>a mi se me importa poco.</u>
VAR Adjetivo   VAR Atributo

Tiene <u>sonidos</u> <u>de ramas de pelo negro.</u>
VAR Sustantivo   VAR Complemento

Su forma <u>es una instrucción para equivocarse.</u>
VAR Descripción_formas

VAR Versos { Cuando llueve demasiado sus raíces suenan como un remate a las 6 de la mañana.

Imagen 2: Estructura sintáctica

VAR Planta	VAR Extacto científico	VAR Adjetivo	VAR Atributo	VAR Sustantivo	VAR Complemento	VAR Descripción forma
- Ciprés duende moribundo - Besana de cantantes - Álamo de los pantanos - Cocotero - Tápame que tengo frío	- Es de morfología generalmente cilíndrica, con entrenudos huecos y nudos macizos. - Es un refugio para la flora Antártica antigua. - Es un árbol que crece en la ribera lateral de un antiguo glaciar. - Es una palabra que comenzó a usarse para referirse a la floración que crece a la sombra de otros árboles más grandes. - Es una planta sagrada.	- frágil - líquido - incendiario - cutáneo - fluorescente - brujo - fiestero - insonoro - palmático - de lunes	- perdura en la vibración de una caja. - es el primer surco que se hace en la tierra. - a mi se me importa poco. - no comunica una sola cosa con sentido. - es como una mantilla entre varetas y cañas. - es como un remate acelerado de la soleá. - quiebra en pequeños cristalitos las flores cerradas de los semitonos. - es un perfecto balbuceo.	- fibras - cortezas - manchas - sonidos - cantes - cosechas - resonancias - bichos - dejes - rebotes	- ay qué dirá qué dirá. - ondulación melódica. - adornos y retardos útiles. - chopo y ola. - fragmento lírico comido por la arena. - gente errante. - coplas con fondo común. - tertulias en ocasión de murmurar. - tres golpes na má.	- un día cambió de peinado. - procede de las alboradas. - se aplica al terreno que se ara. - es como un jaleo en loop. - es un conjunto de sílabas sin sentido. - es una instrucción para equivocarse. - es brujería entre venas.

VAR Versos
- Cuando se anochece hace un sonido parecido al de los roedores murmullantes: izt izt eee eee chs shi...................................... Un cante con mirada firme y humo de lavanda: LOLAILOOO LA I LO LO LAI. - Cuando su interior se seca emite un arrullo tembloroso: jzsk jzsk jzsk jzskkkkkkkkkkkKKkKkkkk jzskkkkkkk. Una corriente eléctrica con olor a puchero: TRA TRA TRRRRRRRRRRRRRR rrrrr RRRRR ---------------- en una gráfica aparece como un campo magnético de objetos. - Cuando llueve demasiado sus raíces suenan como un remate a las 6 de la mañana. - Cuando hay marisma hace un sonido de manotazo: qtttttttttttttttttttt txxxxxx ****************** Un ruido como fuego de callejón. - Cuando tronea puede sonar bajito. - Cuando amanece tapado amanece tapado amanece tapado amanece tapado amanece tapado amanece tapadoamanece tapado amanece tapadoamanece tapado amanece tapado amanece tapado.

Imagen 3: Algunas palabras-datos

ta posibilidad de combinación casi infinita es una operación del azar que juega con palabras, los significados y los saberes. Un juego desde el cual los contenidos se pyectan como inestables. Cada planta se constituye en el momento de ser leída y por anto es irrepetible: no es una esencia ni presencia fija.

tiendo esto como un lenguaje dinámico y *autopoiético* en el que el flamenco y la tec-logía se vuelven intermediarios para generar otras descripciones y poéticas sobre la a y lo vegetal. De la misma manera que lo vegetal y la tecnología se vuelven inter-diarios para generar otras descripciones y poéticas en torno al flamenco. Formas de presión que no solo arrojan datos sino que también producen imaginarios nuevos: ntas con múltiples nombres y formas; plantas que cambian; plantas que hablan de s, geografías, músicas y referencias diversas; plantas con sonidos particulares; ntas quejías; plantas de bulería; cantes enraizados en territorios cambiantes; músi-s imprecisas que también cambian.

R: Página web de
antas flamencas
sol morado

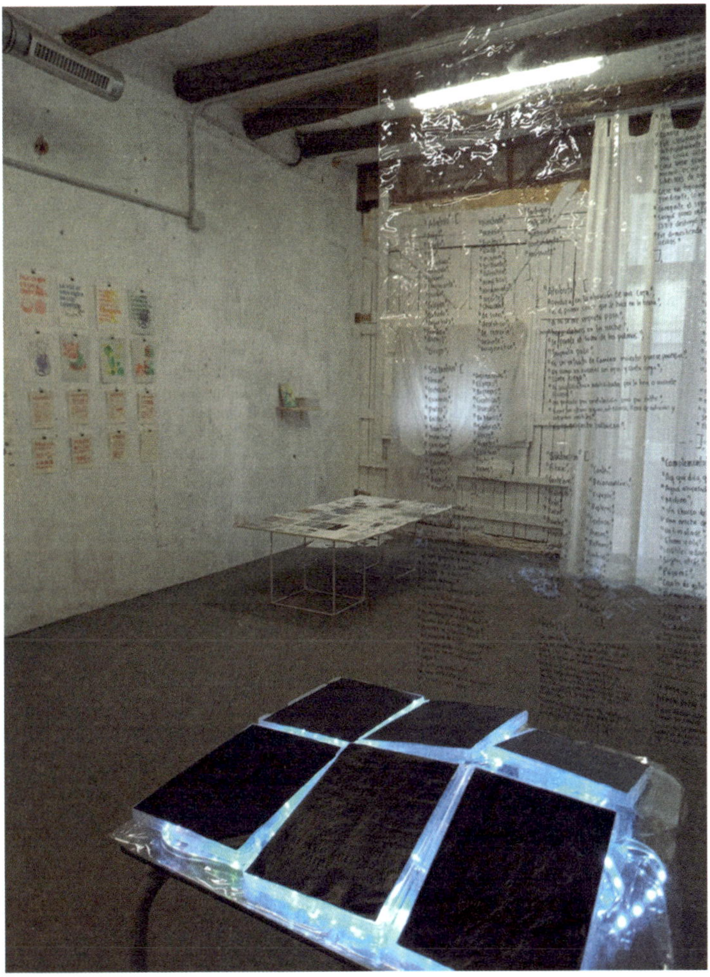

Imagen 4: Prototipo de instalación que lleva algunos textos e imágenes del proyecto al espacio usando cajas de luz, papel carbónico y plástico (galería Solaina, Lugo).

Imágenes del herbario

Las imágenes del herbario provienen de editar e intervenir fotografías de la yuca y la remolacha azucarera. La primera es muy común en Colombia, lugar del que vengo, y la segunda es común en Granada. Ambas son tubérculos, es decir que son tallos subterráneos que acumulan los nutrientes de reserva para la planta, permitiendo su equilibrio y vida en la superficie.

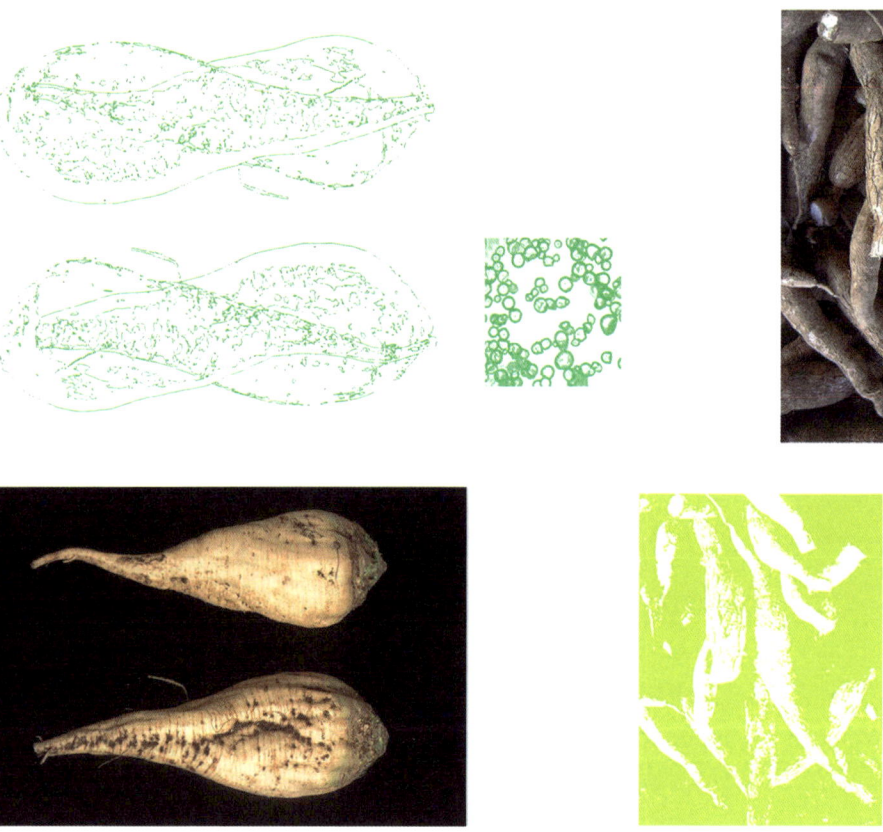

Imagen 5: Tubérculos (yuca y remolacha azucarera).

Las intervenciones de las imágenes buscan que los contornos de las raíces se vuelvan más borrosos y difusos: que no sea del todo claro si son rizomas o manchas. Texturas accidentales y aleatorias que abren la posibilidad de que las raíces también sean constelaciones, líneas con huecos y espacios vacíos. Imágenes que no necesitan ser identificadas.

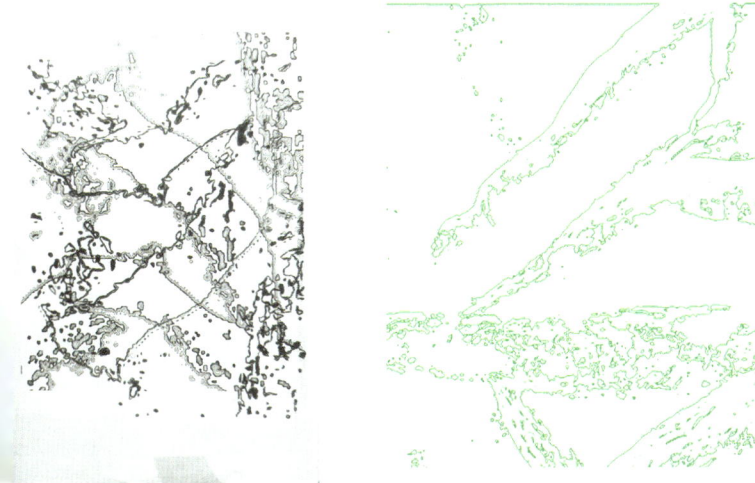

Imagen 6: Manchas-raíces.

Antonio Cavanilles, un botánico valenciano, menciona en su libro "Descripción de las plantas", que era imposible asignar categorías a las criptógamas porque cada día encontraban formas y plantas nuevas. Decía también que los órganos vegetales eran considerados letras, letras que de mil modos formaban signos. Esta metáfora o interpretación me hace pensar en que las partes de una planta pueden considerarse como unidades menores que las palabras. Que algunas de sus manchas, píxeles y partes minutas pueden ser materia lingüística. Jhon Cage decía que entre el bosque y la lengua, en ese intermedio, crecen los signos. *Una lengua rara cuyo silabeo parece al mismo tiempo un balbuceo que un garabato.*[1]

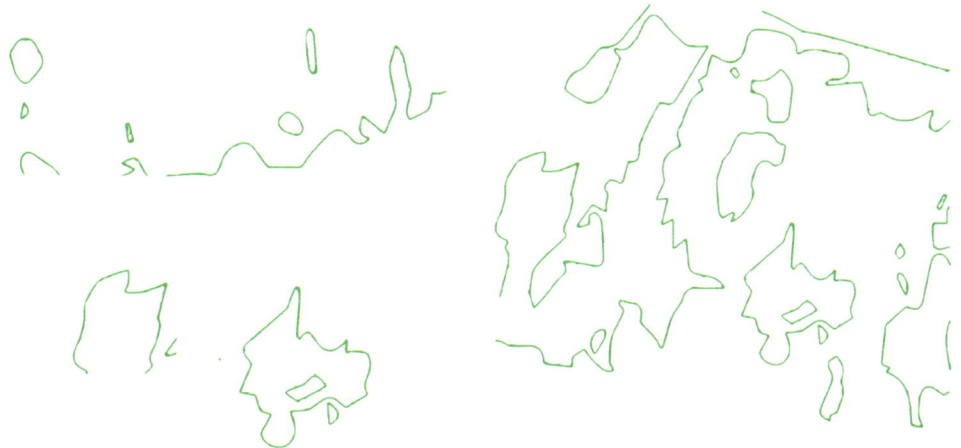

Imagen 7: Garabatos.

Frase tomada del libro Ficciones fónicas de Gabriela Milone.

Este herbario propone una poética a través de datos y combinaciones diversas. Un espacio en la escritura para lo no controlado que juega con los dispositivos y herramientas desde las cuales se nos presenta el mundo como certero y fijo. Una imaginación hecha de fonias y grafías como paisaje de una ficción fónica, al límite de un mundo nuevo, de un futuro borroso. Una materia de la voz y del territorio que hace surgir ficciones.

"La voz de la naturaleza no habla, sino que ladra"
Gabriela Milone

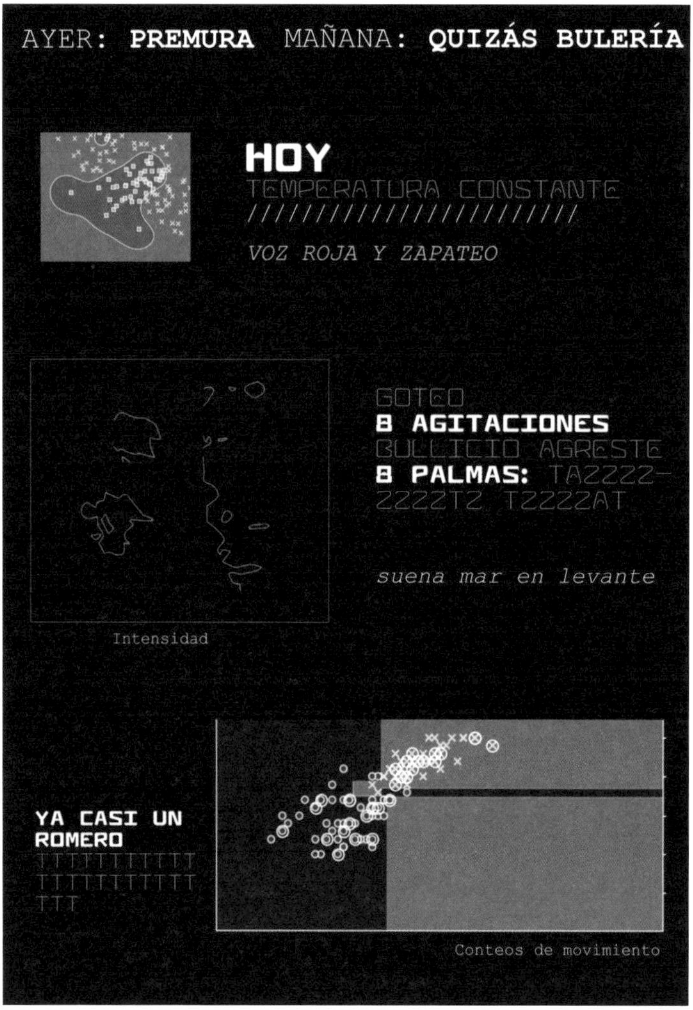

Imagen 8: Registros de la captación de sonidos, movimientos y cambios de temperatura en un terrario. El QR lleva a sonidos captados y alterados con diferentes efectos a partir de una improvisación en colaboración con el músico brasilero Bruno Angelo.

Acompañamiento

Monserrat Palacios
y Ernesto Artillo

La voz, esa cosa difusa que nos suena
Monserrat Palacios

Llego a Granada para ser voz junto a la voz de los 'residentes de creación en torno al flamenco' de la edición 2024 de "Los Tientos". Me voy andando por Tientos, sonando el palo flamenco en el oído, el rasgueo contundente en el cuerpo, pausado también y reflexivo. "Los Tientos como tentativa, como espacio para la experimentación, para el riesgo incluso" (Collados y Ordóñez, 2023). Esta sentencia alimenta el proceso del encuentro, y desde esa condición me presento esa mañana, y ahí están junto al mío, los cuerpos voz y piel de oídos de Laura, Jero, Dani, Marina y Camilo. Juntos, comenzamos a trazar el camino para tender un arco sobre el espacio y avivar esa herida que no cierra: boca abierta que nos recuerda que su etimología reside en la palabra latina Oris, que significa "origen" y "orificio".

El encuentro tratará sobre "la voz extendida"- les digo- en realidad yo no vengo a enseñaros nada sino a compartir algo de lo que he aprendido en mi trayectoria vital y también estoy aquí para aprender de vosotros. Me gustaría, si os parece bien -señalo- que revisemos juntos algunos aspectos de mi técnica vocal, particularidades que he ido incorporando más por experiencia que por aprendizaje académico, y me gustaría también, que revisáramos juntos las implicaciones simbólicas, históricas y políticas en torno al tema de la voz.

El arte sirve para superar al arte. Eso no nos lo enseñaron, pero vamos a intentarlo. Vamos a tentar el desaprender, o mejor, procuremos pensar acerca de lo que hemos aprendido mientras hoy aquí vamos sonando, ¡cantemos! ¡seamos libres! Y sólo después indaguemos si esa pretendida libertad es tal, o hasta qué punto ha sido modelada en función de determinados intereses políticos. Reconozcamos los encorsetamientos a nuestro pensar-sentir, sintamos en nuestras palabras la aplicación de las severas leyes de la razón a las que a nuestro balbuceo han sido impuestas ¡Vamos a cantar!

Antes, empecemos por el movimiento, tomemos nuestro cuerpo por montera y "hablemos con nuestros huesos" (Ocampo Guzman, 2013). Estamos acostumbrados a considerar al cuerpo por lo que vemos: músculos y piel, de hecho, nos desnudamos para mostrar el cuerpo, pero que os parece si hoy intentamos llevar nuestra desnudez aún más lejos, más adentro: pensemos en nuestro esqueleto. Nuestros huesos son el mecanismo acústico más sofisticado, resuenan. Habla con tus huesos.

Ahora sí, ¡a cantar!, y para ello crearemos algunas situaciones de relación entre voz, cuerpo, espacio, objetos, ideas, escucha. Vamos a empezar cantando nuestro nombre: Mi nombre es... Siempre he pensado que "este es mi sonido" pero podría decir que mi nombre suena así (prueba con diferentes tipos de emisión), se espera que suene así... pero ahora voy a sonar como todavía no se que sueno... (experimenta distintos sonidos diciendo tu nombre) ¿Con qué nombre te llamarías hoy? Si soy "hombre" ¿sueno grave?, si soy "mujer" ¿sueno agudo? Habla a gritos, murmura, duda, afírmate, búscate, escúchate.

A partir de esta experiencia, les incito a reflexionar (principalmente), sobre tres aspectos:

1. Que cantar es una de las formas más eficaces para construir una conexión con nuestro yo más íntimo en relación con los otros.
2. El de nuestro nombre es nuestro sonido primigenio, es una especie de sonido mantra que escuchamos y cantamos desde que nacemos (o tal vez antes si ya sabían como nos iban a llamar).
3. Que repensáramos juntos los condicionamientos sociales, culturales y políticos a los que se ha sometido nuestra laringe.

La voz es un arma subversiva que nos enfrenta, si queremos, con nuestras propias creencias acerca de lo que pensamos y somos, y con el sonido que hemos adquirido por imposiciones sociales y culturales aprendidas de manera inconsciente y por imitación. Por ejemplo, creemos que cantar agudo es un rasgo femenino y que cantar grave es un rasgo masculino, incluso muchas mujeres amplifican sus graves para "adquirir poder" y así, emular al timbre masculino, supuestamente indicativo de "dominio" y "seguridad". El género es una estructura social como la economía y la política. Hemos creado normas "políticamente correctas" a través del uso de nuestra voz, sin darnos cuenta que la disrupción y la deconstrucción de las formas de entender el conocimiento de nuestro sonar es una posibilidad continua, cuya transferencia social es permanente. Llevamos una colonialidad patriarcal interiorizada en el uso de nuestra voz y apenas si nos damos cuenta de ello. Nuestro cuerpo es fisiológica y socialmente una verdadera "caja de resonancia". Desde la infancia hemos aprendido a cómo "debemos sonar" y "cómo no" debemos hacerlo, el poder radica justamente en darnos cuenta, de ese poder.

Es la cultura quien moldea nuestra laringe, y este hecho se hace evidente incluso desde el aprendizaje de los sonidos para la adquisición del lenguaje. Cuando se aprende un idioma, se sacrifican todos los sonidos potenciales que ya sólo podrán realizarse, en el mejor de los casos, por imitación.

Por ejemplo, los castellanos han desarrollado en su laringe 5 sonidos vocálicos, frente a los 11 sonidos del francés, o los 8 del catalán. Por su parte, los chinos no podrán pronunciar el sonido 'r'. Los latinos, al hablar, no diferenciaremos entre los sonidos de la s, c y z. Para los occidentales, nos será casi imposible realizar los "clics" de las consonantes empleadas por las lenguas Khoisan de Namibia, Botsawa y Angola. Y sin embargo, aún asumiendo esa restricción, todo lo fijado y conservado en el lenguaje como convención útil, es susceptible de ser modulado no ya sólo por las pronunciaciones o acentuaciones de la emisión, sino en virtud de la propia potencialidad de variación de la lengua y sobretodo por esa infinitud potencial de significaciones que posee.

En este momento les explico sobre "mi técnica vocal", señalo algunos antecedentes sobre el concepto de "voz extendida": John Cage, "estas técnicas no solo cuestionan los desacuerdos entre la disonancia y la consonancia, sino también entre el ruido y los llamados "sonidos musicales." (Cage 1961, 4); Joan la Barbara en 1976 ya utiliza el termino "Voz extendida" en su obra "Vocal extensión" en su primer álbum: Voice is the original instrument; Rosalid Krauss en 1979 desde el ámbito de la escultura, utiliza el término de 'campo expandido' en "La escultura en el campo expandido" (pp. 289-303); Juan García Castillejo (Cura Castillejo) (1944), señala que a la voz se accedía por telegrafía, cuando la electricidad era percibida todavía como algo mágico.

Sin embargo, la necesidad de esta categoría, sólo funciona cuando se reconoce la estrechez de un sistema musical y por ende su necesidad de alargamiento o extensión, muchas de las técnicas vocales de las tradiciones orales del mundo, han sido desde siempre extended voice sin necesidad de recurrir a esta etiqueta.

En cierta manera, la voz extendida es intentar los sonidos imposibles, los sonidos que se encuentran dentro de las cosas, es entrar en lo pequeño con las herramientas de lo sutil, para ir a lo grande también, pero desde lo profundo. Es entrar en el sonido diseccionando su esencia; es decir, es entrar en el cuerpo (tu cuerpo/mi cuerpo), en sus resonadores y su respiración. No en la forma del sonido, ni en lo externo que sería más bien el canto, ni en lo social o cultural que sería la canción, sino entrar en lo que no se ve, lo que todavía no se conoce, lo que está en el espacio, dentro de los objetos y dentro de los sustantivos, lo que está oculto en las tripas (mis tripas/ tus tripas), lo que esta escondido para ser mostrado. Lo disruptivo. Aquello que no se puede escribir con notas musicales, pero permite su inscripción en el cuerpo, permitir "hacerse" con las emisiones vocales tabú: gritar, gruñir, gemir, roncar, vomitar, llorar, eructar... ritmos y sonidos que juegan con la forma y exponen su desplazamiento vivo y sin imagen fija, con un sentido abierto, donde cada pausa, cada ritmo y cada emisión, cobra sentido en relación con aquello que lo rodea (espacio, otros sonidos del entorno, la propia enunciación de lo que todavía no se sabe que será entonado).

Ahora continuamos por sentir "el centro de la respiración", la zona del perineo tan llena de prejuicios y abandonos sensitivos debido a herencias judeocristianas, pasamos así a tomar consciencia del "canal del sonido", esa unión del fondo faríngeo laríngeo y el conducto nasal que nos lleva a la posición de bostezo y que amplifica el sonido, y de ahí a la gran brújula que es la escucha y la autoescucha: Puedes cantar aquello que puedes escuchar. Intento llevarlos no a oír sino a sentir el sonido.

De esta manera se procura comprender en la práctica, que la voz activa una experiencia (afectiva, política, cultural, emocional, estética) en vez de representarla, y que en su sentido corporal nos "hace algo" y nos permite "hacer", es performativa, por ello la voz/escucha (dimorfismo indisociable), no sólo es un medio sino un campo epistémico que activa el sentido colectivo y crea consciencia acerca de las formas sensibles de las que están entretejidos los cuerpos, la vida social, las comunidades personales. Nos permite comprender de qué hilos se sostiene la memoria, a qué "verdades" está anclada, y las formas en que éstas se revelan (y rebelan), de ahí su poder de transformación y su derecho inalienable como forma de saber, de estar en el mundo como conocimiento encarnado y situado.

Laura, Jero, Dani, Marina, Camilo y yo misma, reconocemos desde la experiencia, cómo la desconexión del aire diafragmático y pélvico, tanto como evitar el contacto con las emociones, se ha compensado con el uso de los músculos de la laringe y de la boca, por eso a veces la voz se niega a salir. El grito se reprime por vergüenzas y miedos heredados, aprendidos. Por ello, a veces en la garganta "duele cantar". De esta manera, nuestra voz no significa sino que cuestiona, resquebraja lo aparente, se inserta en cada una de sus grietas, y envuelve a quien escucha más en sus orígenes que en sus efectos, no allí en donde lo obvio se atiende, sino donde se desliza.

Referencias citadas

Cage, John, (1961) [1937] The future of music: Credo, in Silence. Lectures and Writtings. Middletown, CT: Wesleyan University Press.

Collados Alcaide, Antonio y Ordóñez Eslava, Pedro, VV.AA. (2023) Los Tientos 22-23, Colección Extensión Universitaria, editorial Universidad de Granada, Granada.

García Castillejo, Juan, (1944) La telegrafía rápida, el tríteclado y la música eléctrica, Talleres Tipográficos B. Gavilla Milagro, 15, Valencia.

La Barbara. Joan (1976) The Voice is the original instrument, Wizard Records, New York.

Ocampo Guzman, Antonio (2013) La libertad de la voz natural. El método Linklater, ed. Universidad Nacional Autónoma de México, México.

Krauss, Rosalid (1996) [1979] "La escultura en el campo expandido" en La originalidad de la Vanguardia y otros mitos modernos, Trad. Adolfo Gómez Cedillo, ed. Alianza Forma, Madrid.

Deseo

Ernesto Artillo

Una mano se levanta sin pregunta.
Una cadera se ladea buscando algo que no sabe.
No hay erotismo todavía, pero sí atención. Incomodidad en la sala.
El deseo no aparece como imagen, ni como pulsión reconocible, sino como reflejo.
Antes de que el pensamiento llegue, algo ya se ha activado.
Un gesto.
Un gestito.
Un temblor involuntario que inaugura el mundo.

Hablar del deseo es imposible sin traicionarlo. Nombrarlo lo apaga. Atraparlo lo
diseca. Pero podemos acercarnos a sus huellas. Podemos seguir las reverberaciones
que deja en los cuerpos, en la escena.

Porque el deseo, como el arte, no tiene una función clara.
No viene a resolver, viene a abrir.
No viene a decirnos quiénes somos, sino a recordarnos que no lo sabemos.
Que lo que somos está en tránsito, en suspensión.

Silencio. Todos miran sentados. También desde el escenario.
Alguien quiere que pase algo.
Y entonces pasa: nadie entiende qué está pasando.

El verdadero deseo del público podría ser ese, no entender. Sentir que hay otro lenguaje
a punto de ser descifrado. Habitar el umbral. No la explicación, sino el estremecimiento.

Nos han enseñado que desear es aspirar a algo. Subir una torre. Escalar una montaña.
Ponerse un capirote. Mirar al cielo. Pero quizá sea todo lo contrario: permanecer en la
falta. Quedarse mirando. Desear no como camino al objeto, sino como objeto mismo.
Fecundarse en la confusión.

Lo que no está pasando se exagera.

¿Queréis espectáculo?
Actuad vosotros.
¿Queréis flamenco?
Os damos respiración, espera, madera.

Una gota de sudor en la punta del dedo meñique.
¿Queréis dinero?
Que os toque la lotería, solo a vosotros.
Sin exclusividad, no hay satisfacción.
Algo se enfada, se revela.
Y de momento el deseo canta como una mujer que ha perdido un hijo. Se mueve como un trapo de cocina. Se calla y explota con un grito en la boca de un lagarto. Se arrodilla. Monta un empresariado del querer. Una copla sin performance.
Un taller sin producto.

El deseo se multiplica. Se bifurca. Se contradice allí mismo.
Está quien quiere ser mirado y quien desaparece justo cuando todos miran.
Está quien desea subir la escalera y quien se queda a medio tramo porque hay alguien abajo llorando, que necesita leche.
Está quien llega arriba y canta como si la tercera guerra mundial se jugase en su letra.
Tiembla el pulso que sostiene la voz de un compañero.
Suena como carne en un puchero. Apunta con el dedo.
Y una mirada busca el milagro en Google Maps.

El deseo no entiende de lógica.
El cuadro se despliega con compás de lavadora.
Un árbol hace de cuerpo.
Una planta canta.
Y se recoge en su tallo para protegerse.
Todo es escena ya.
Y sin embargo, la escena desea tener escena.
La forma desea ser fondo.
El gesto desea no tener testigos.

La ilusión encuentra su gloria en una bombilla que se enciende y apaga como si supiera cuándo hacerlo.
Lo que parece frágil se sostiene.
Lo que parece importante se deshace.
Dios se suma en forma de aplauso cortado.
Y aparece, por fin, el cansado.
El deseo de desaparecer.
El descanso.

Descansar no como huida.
Sino como gesto radical.
Como reconocer que no tenemos nada que demostrar.
Y en ese gesto, aparecer de nuevo.

Sin urgencia.
Sin mandato.
Sin programa.

Eso también es una forma de amar.

Porque el deseo no siempre quiere.
A veces solo está.
Respirando en un rincón.
Tomando la forma de una pausa.
Esperando su próxima mutación.

Si el deseo se articula en lo que falta,
entonces no hay deseo sin pérdida.
No hay deseo sin fracaso.
Y en ese mismo fracaso... nos encontramos.

Y al mirarnos, el cuerpo ya no es uno solo.
Es el común de quienes se atreven a estar sin saber.
De quienes actúan sin tener claro para qué.
De quienes se dejan afectar por una palabra que no encuentra su sitio.

Eso hicimos.
Eso intentamos.

Un tiento.

Una tentativa.
Un intento sin garantía de éxito.
Una escena abierta al abismo de lo que no se puede controlar.

Los tientos no son ensayo ni obra.
Son ese momento donde el deseo respira,
sin que nadie lo capture.
Son el atrevimiento que activa la danza,
la frase que titubea,
la luz que vacila...

Y tal vez, en ese temblor, esté la única verdad posible.

No una verdad cerrada, sino encendida.
No una certeza, sino una pregunta.
No una respuesta, sino un gestito.

La cuarta edición del programa Los Tientos ha sido ideada y organizada por la Universidad de Granada (UGR), a través de La Madraza. Centro de Cultura Contemporánea del Vicerrectorado de Extensión Universitaria, Patrimonio y Relaciones Institucionales (VEUPRI), con la ayuda en la organización de la Residencia Universitaria Carmen de la Victoria y la Residencia Universitaria Corrala de Santiago y la colaboración del Instituto Cervantes, la Fundación Federico García Lorca y el Consorcio Centro Federico García Lorca, la Diputación de Granada, el Ayuntamiento de Granada y la Escuela de Arte José Val del Omar de Granada-Fundación Robles Pozo.

UNIVERSIDAD DE GRANADA

Rector
Pedro Mercado Pacheco

Vicerrectora de Extensión Universitaria, Patrimonio y Relaciones Institucionales
Margarita Sánchez Romero

Director de Extensión Universitaria-La Madraza
Antonio Collados Alcaide

Subdirectora de Extensión Universitaria-La Madraza y Directora del Área de Música
Marina Hervás Muñoz

Directora del Área de Artes Visuales y Diseño
Marisa Mancilla Abril

Director de la Cátedra de Flamenco
Pedro Ordóñez Eslava

EXPOSICIÓN

Comisariado
Antonio Collados Alcaide
Marina Hervás Muñoz
Marisa Mancilla Abril
Pedro Ordóñez Eslava

Coordinación y diseño museográfico
Manuel Rubio Hidalgo

Apoyo en museografía
Julia Hernández Pérez

Diseño y coordinación gráfica
Patricia Garzón Martínez

Montaje expositivo
Equipo de eventos de la
Universidad de Granada

PUBLICACIÓN

Edita
Editorial de la Universidad de Granada
Colección Extensión Universitaria

Edición
Antonio Collados Alcaide
Marisa Mancilla Abril
Marina Hervás Muñoz
Pedro Ordóñez Eslava

Autores
Marina Cabañero
Jero de los Santos
Daniel Domínguez Romero
Laura Llaneli
Camilo Mutis Canal

Textos de acompañamiento
Monserrat Palacios
Ernesto Artillo

Coordinación gráfica
Patricia Garzón Martínez

Diseño
Patricia Garzón Martínez

Maquetación
Rocío Salas Núñez

Imprime
Comercial Impresores

Impreso en España

ISBN 978-84-338-7575-4
DL: Gr. 950-2025
© Universidad de Granada
© Lxs autorxs